guía para principiantes
yoga

guía para principiantes
yoga

HOWARD KENT Y CLAIRE HAYLER

PANAMERICANA
EDITORIAL

Kent, Howard
   Yoga / Howard Kent y Claire Hayler ; traducción Diana
Esperanza Gómez R. -- Bogotá : Panamericana Editorial, 2004.
   96 p. ; 21 cm. -- (Guía para principiantes)
   ISBN 958-30-1609-8
   1. Yoga 2. Mente y cuerpo I. Hayler, Claire II. Gómez R.,
Diana Esperanza, tr. III. Tít IV. Serie
   181.45 cd 20 ed.
   AHY7732

       CEP-Banco de la República-Biblioteca Luis Ángel Arango

Editor
Panamericana Editorial Ltda.

Edición
Pedro José Román

Traducción
Diana Esperanza Gómez R.

Título original del libro: *Beginner's Guide to Yoga*

Primera edición en Inglés, 2003
© Axis Publishing Limited
8c Accommodation Road
London NW11 8ED
United Kingdom

Primera edición en Panamericana Editorial Ltda.,
mayo de 2005
© Panamericana Editorial Ltda.

Calle 12 No. 34-20 Tel: 3603077
www.panamericanaeditorial.com
panaedit@panamericanaeditorial.com
Bogotá D. C., Colombia

ISBN: 958-30-1609-8

Impreso por Panamericana Formas e Impresos S.A.
Calle 65 No. 95-28 Tel.: 4302110
Quien sólo actúa como impresor.

Impreso en Colombia   Printed in Colombia

contenido

guía para principiantes **yoga**

introducción

Desde cuando el ser humano empezó a comunicarse y desarrolló la capacidad de pensar objetivamente, el enigma de la existencia ronda en su mente. Ésta se encuentra en constante búsqueda de las explicaciones sobre la vida y la muerte. Muy cerca de cualquier explicación, están las preguntas: ¿Quién soy yo?, y ¿cuál es mi misión en la vida?

La práctica regular del yoga enriquece la vida interior, libera la mente del estrés diario y las limitaciones del cuerpo, y trae paz y riqueza personal.

significado del yoga

El origen y desarrollo de lo que ahora conocemos como yoga comenzó hace casi 5000 años, al norte de India y aunque algunas etapas de su historia no son claras, hemos podido determinar ciertos hechos destacados. La palabra yoga viene del idioma sánscrito clásico utilizado en la antigua India y se traduce generalmente como *unión.*

Sin embargo, la práctica del yoga se desarrolló muchos siglos después de haberse acuñado la palabra. Realmente significa *ligar,* lo cual confirma que aunque vivimos en un mundo con millones de fenómenos aparentemente separados –materia, gente, animales, plantas, pensamientos e ideas– de hecho, éstos forman parte de un gran todo.

comprensión mediante la quietud

En su búsqueda, los practicantes de yoga descubrieron la importancia de la relajación física y mental. Un gran sabio del yoga, Patanjali, declaró hace 2000 años: "*El yoga consiste en controlar las ondas mentales*". Esto es muy difícil, porque, por lo general nuestra mente parece un loro parlanchín.

Por esto los practicantes de yoga se preguntaron por la relajación del cuerpo. Como estaban acostumbrados a sentarse en el piso, decidieron experimentar diferentes modos de hacerlo y desarrollaron los asanas, que se traduce como "*mantener una posición*". Estas posiciones adoptaban diferentes formas, desde la conocida como parada de cabeza hasta sentarse correctamente en una silla. Los asanas se describen más adelante (pp. 36-79).

Los practicantes del yoga encontraron que si se sentaban correctamente, pausaban la respiración y calmaban la mente, alcanzaban un gran disernimiento sobre la vida. Todos ellos llegaban a las mismas conclusiones. Aprendían intuitivamente que la base de todo lo que llamamos existencia es una fuerza conocida como *brahmán*. Esta fuerza no es humana sino una fuerza universal de la conciencia, que llamaban *purusha*. El *purusha* fue entretejido con *prakriti*, la sustancia material del universo. Ellos entendían que los seres humanos son parte integral de este tejido, esto es precisamente lo que Einstein postulaba.

AMPLIAR EL CÍRCULO

Albert Einstein, el mejor científico de nuestra civilización, escribió: "*El ser humano es parte de un todo que llamamos universo, una parte limitada en el tiempo y el espacio. Experimenta en sí mismo sus pensamientos y sentimientos como algo separado del resto; una especie de falsa ilusión de su conciencia... Nuestra tarea debe ser liberarnos de esta prisión ampliando nuestro círculo, con compasión para abrazar a todas las criaturas vivientes y contemplar toda la naturaleza en su belleza*". A esta conclusión llegaron los primeros yogas, hace miles de años.

el todo y la parte

En el centro de nuestro sufrimiento se encuentra el sentido de aislamiento del mundo y la separación de nuestro verdadero yo. El yoga complementa otras enseñanzas espirituales que afirman que somos parte de un todo no dividido. El desarrollo de la práctica del yoga nos ayuda a entenderlo mejor, de manera integral e intelectual y transforma nuestra vida. Por consiguiente, los asanas no son sólo ejercicios físicos sino que obran en cada aspecto de nuestra vida. Aunque existen diferentes formas de yoga, conocidas como las ocho ramas (ver pp. 18-19), ellas conforman un todo.

el valor perdurable del yoga

Programas de ejercicio y conceptos filosóficos van y vienen, pero el yoga persiste y su práctica crece a una velocidad increíble. Sorprende cuánta gente lo estudia seriamente y ha transformado su vida y la de otros.

¿qué me puede ofrecer el yoga?

Lo primero que el yoga ofrece es una sensación de calma y paz mental. Esto es lo que más necesitamos en la vida. Podemos estar físicamente saludables y en forma, pero aún nos encontramos tristes, preocupados y tensos. El yoga desarrolla la serenidad.

liberación del estrés

En años recientes se ha escrito mucho acerca de cómo la mente controla el cuerpo. Una de las palabras más utilizadas es *estrés*. "La vida es muy estresante", nos quejamos.

Resulta extraño que la palabra estrés no existía en relación con la actividad humana hasta hace 60 años, cuando fue utilizada por primera vez por el científico australiano Hans Selye.

Al tiempo que se desarrolla la investigación acerca del estrés, los científicos investigan cómo funciona el sistema inmunológico. Experimentos en esta área demuestran que el sistema inmunológico funciona mejor en un individuo calmado y relajado que en uno estresado, molesto o asustado. Por esto, la sensación de paz es realmente benéfica para la salud física del ser humano.

la conexión mente–cuerpo

La relación entre el cuerpo y la mente no es aún valorada. Para demostrar esto, dos psicólogos en Manchester, Inglaterra, experimentaron con un grupo de gente. Todos los miembros del grupo tenían que presionar un dedo firmemente contra una mesa. Luego, el grupo se dividió en tres: a una parte se le pidió olvidar el experimento, la segunda debía realizar la misma acción una vez a la semana, y a la tercera se le pidió que no realizara la acción, pero sí que la evocara mentalmente una vez a la semana.

Después de ocho semanas el grupo fue evaluado. La primera parte del grupo no presentó ningún cambio, la segunda, mejoró el tono muscular en un tercio, pero, sorprendentemente, la tercera parte presentó una mejoría del 15%, sin haber utilizado sus músculos físicamente. Su actividad mental fue capaz de producir un resultado físico significativo.

El cirujano estadounidense, Bernie Siegel, quien ha escrito acerca del corazón y la mente en la lucha contra el cáncer, dijo: "*Cada pensamiento que tenga, va directo a cada célula de su cuerpo*". Comparemos esto con lo que dijo Patanjali, "*el yoga involucra el control de las ondas de la mente*" y podremos observar cómo la investigación actual demuestra la verdad fundamental del yoga.

A mucha gente le parece muy difícil controlar la mente. Consideremos, sin embargo, sus implicaciones: si no lo hacemos, estamos fuera de control. Si estamos fuera de control, la vida nos puede abrumar.

UN PODER PARA USAR CON SABIDURÍA

No hay –ni debe haber– fanatismo en el yoga. En la India hay hombres sagrados llamados *faquires*. Algunos de ellos han demostrado su devoción hacia Dios trenzando sus dedos y manteniendo levantados sus brazos por el resto de sus vidas. Inicialmente el dolor es insoportable, pero luego el brazo se endurece e inmoviliza. Aunque esto parece extremo, muestra cómo la mente y el cuerpo se controlan y relacionan. La vía de la moderación es la mejor para desarrollar cualquier práctica de yoga y la relación mente-cuerpo que el yoga propone puede generar una vida más saludable y feliz, no sólo para nosotros sino también para los demás. De nuevo enfatizamos, no es una creencia, es un tema para investigar y experimentar.

un ejercicio diferente

Para entender los beneficios del yoga necesitamos tener en mente la palabra *unidad*: unidad en la vida –los budistas utilizan la palabra *compasión*– y unidad en todas nuestras acciones.

Tomemos el ejemplo del asana, o postura. La mayoría de programas de ejercicio se centran en el movimiento físico o pose, e ignoran completamente la mente: se puede ejercitar el cuerpo mientras piensa qué va a cocinar. En este nivel, el asana yoga es benéfico, pero no extraordinario. En este ejercicio no hay relación entre la mente y el cuerpo, lo cual inevitablemente produce confusión entre ambos.

Sin embargo, realizándolo adecuadamente, el asana relaciona el movimiento físico y la coordinación de la respiración, la concentración con las partes del cuerpo que están utilizándose, y un estado armonioso de la mente que integra todos esos aspectos. La diferencia en el resultado es enorme.

mente y movimiento
Posteriormente cuando estudie el programa de asanas en este libro, encontrará que algunos son estáticos, otros incluyen un suave movimiento controlado y sólo unos pocos involucran un fuerte movimiento repentino. Al relacionar la mente con el movimiento ocurren grandes cambios; no sólo físicos sino mentales

y se llega al estado de relajación. Esta relación ha demostrado su utilidad cuando hay poca salud; por eso el yoga se utiliza para ayudar a aquellas personas que se enfrentan con enfermedades graves como el cáncer, la esclerosis múltiple o la enfermedad de Parkinson. A pesar de la gravedad de estos padecimientos, un programa equilibrado de asanas, una mejor respiración y creciente estabilidad mental contribuyen a la recuperación.

YOGA PARA TODOS

El yoga puede ayudarle a lograr más de lo que cree, sin tener en cuenta aspectos como el peso, la edad, la incapacidad o la condición física:

■ Mucha gente mayor encuentra que el yoga le ayuda a mantener o, mejor aún, restaurar la movilidad del cuerpo. También ayuda a prevenir muchas enfermedades asociadas con la tercera edad.

■ La gente con discapacidad puede beneficiarse del yoga tanto como los demás.

■ Las mujeres gestantes encuentran que el estiramiento suave y la práctica de la respiración remedian los malestares producidos por el embarazo y las prepara para el parto. También existen clases especiales de yoga para mujeres embarazadas.

■ Los niños mayores de cinco años pueden beneficiarse al aprender a respirar y relajarse, práctica valiosa en su vida posterior.

El secreto es no esforzarse demasiado. Si el cuerpo le pide detenerse, hágalo inmediatamente.

autoestima

El primer objetivo al practicar yoga es el beneficio personal. Si su práctica se basa en la concepción del yoga como unión, evidenciará que el mejor modo de encontrarse a sí mismo es perderse a sí mismo primero. Además de la aparente contradicción, se observa que podemos perdernos a nosotros mismos sólo si nos apreciamos; en otras palabras, entendiendo que somos parte integral de la unión. Es importante enfatizar que el yoga significa unión incondicional, no sólo porque pensemos que todo y todos deben agradarnos, sino porque todo está unido a la totalidad.

Es útil comparar la vida humana con la administración de una compañía bien orientada. Para ser eficaz, la cabeza de la compañía necesita experiencia más allá de los requerimientos específicos de su trabajo particular. Nos damos cuenta de que somos parte de un todo por medio de la experiencia.

El primer objetivo del yoga es, por tanto, amarnos a nosotros mismos: no de manera narcisista, ni egoísta. Cuanto más aprendemos del todo, más entendemos a los individuos que lo conforman. Cuanto más nos aislamos de los otros, más infelices e irritables somos.

un paseo, no una carrera

El aspecto del yoga que involucra poses estáticas y dinámicas es un estilo denominado hatha yoga. El paso lento, relajado es fundamental para el éxito. Los períodos de relajación mental y física nos mantienen en el propósito central.

VALORAR NUESTRO CUERPO

Nuestro cuerpo contiene innumerables células que están programadas para realizar una labor específica. Las quejas y el fastidio constante solamente conducen a la ineficiencia. Una actitud asertiva estimulará estas células. Por ejemplo, cuando algo no funciona físicamente, tendemos a quejarnos. Si nos duele una rodilla, tendemos a castigarla por estar lesionada. Sin embargo, conociendo cómo funcionan los sistemas de reparación del cuerpo humano, sabemos que la rodilla siempre trata de desarrollarse y mantenerse en forma. Una variedad de aspectos se han combinado para interferir en su eficiente funcionamiento (la genética, las condiciones bajo las cuales ésta funciona, y muchas más), pero la rodilla en sí sigue funcionando para mantenerse en forma. Nuestras quejas sólo dificultan su labor.

los beneficios del yoga

Además de recordar el carácter integral del yoga, la práctica regular mejora algunos aspectos mentales y físicos. El yoga:

■ Alinea el cuerpo, mejorando la postura. Fortalece los huesos y músculos e incrementa la movilidad de las articulaciones.

■ Aumenta la flexibilidad y reduce el dolor de espalda por el estiramiento y el ejercicio frecuente. Esto es importante porque las personas experimentan muchos problemas vertebrales, no por una postura inadecuada sino por factores relacionados con su estilo de vida.

■ Mejora la circulación sanguínea y la oxigenación por una mejor respiración.

■ Incrementa la energía y vitalidad.

■ Masajea los órganos internos mejorando su funcionamiento. Regula la digestión porque la respiración estimula los órganos abdominales.

■ Calma la mente y suaviza las emociones, liberando el estrés y la ansiedad.

■ Incentiva la claridad y concentración del pensamiento por el suministro de oxígeno al cerebro. El pensamiento claro genera autoestima y confianza.

1 El yoga no pretende que nos admiremos a nosotros mismos.

2 El yoga no busca hazañas ni genera competencia con otros estudiantes; no se moleste si no puede realizar algún ejercicio.

3 El yoga no pretende encajarnos a todos en un molde; respeta nuestras diferencias mentales y físicas. Algunos de los mejores profesores de yoga poseen una habilidad limitada para practicar las posturas. De éstos, algunos sufren incapacidades crónicas, aun cuando su estudio y método permite mostrarles a las personas corporalmente capaces el modo de avanzar.

4 El yoga requiere paciencia y persistencia; aprenda a no desalentarse cuando un compañero de clase puede estirarse mucho más o mantenerse en una posición por más tiempo.

Sea benévolo consigo mismo y tenga en cuenta que no puede lograr todo en un solo día.

1

principios fundamentales

Para obtener el mayor beneficio del yoga es mejor estar consciente de los principios sobre los cuales desarrollará su práctica. Éstos incluyen: las ocho ramas del yoga clásico; la importancia de una vida ética; darse cuenta de que el yoga no es competitivo ni se traza un logro hacia el cual se trabaja. Al contrario, es una disciplina basada en la cooperación y la reconciliación. Se apoya en la práctica regular, en el control de la respiración, en la superación de malos hábitos arraigados y en el control de la mente a través de la concentración, la contemplación y la meditación profunda.

las ocho ramas del yoga

Puesto que el yoga aborda todos los aspectos de la vida, se desarrolla de diversas maneras. Esto es particularmente cierto en Occidente, donde su práctica se ha desarrollado sólo durante los últimos 30 ó 40 años, en un tipo de sociedad diferente de aquella en la que se originó. Inevitablemente, las enseñanzas del yoga se adaptan a la época. Los principios fundamentales del yoga siguen siendo los mismos aun cuando las expresiones externas sean diferentes.

ideas principales

El yoga postulado por Patanjali y otros sabios se denomina raja yoga: el rey de los yogas. Tal como hemos visto, enfatiza el control de la mente. También puede describirse como yoga clásico. Aunque hay varias escuelas antiguas (ver pp. 92-93) todas comparten principios comunes. Éstas no son diferentes pero desarrollan diversos enfoques.

Parece que los antiguos sabios tuvieron un pensamiento que incluía varios aspectos. El más importante es que todos los estudiantes inicien desarrollando un sentido ético de la vida. Aunque los sabios también están de acuerdo en la importancia de la respiración, de las poses y de las prácticas de meditación y concentración, insisten en que todo esto será insuficiente si no guiamos nuestro interior por un principio ético.

LAS OCHO RAMAS

El yoga clásico de Patanjalí y otros sabios de la antigüedad está compuesto de ocho partes. Por eso algunas veces se denomina ashtanga yoga; el yoga de las ocho ramas o pasos. Deben seguirse en orden, pero no estrictamente.

1 Los yamas (las cinco observancias) y los niyamas (ver abajo) se denominan por lo general *restricciones*. Se siguen como reglas de conducta.

2 Los niyamas (las cinco acciones) complementan a los yamas.

3 Los asanas, que originalmente aplicaban a la posición de sentado para relajar la mente (la base de la práctica del yoga), incrementan el bienestar corporal a través de la práctica de un conjunto integrado de ejercicios físicos.

4 El pranayama es el control de la fuerza de vida (*prana*) a través de la respiración.

5 El pratyahara es la condición de no ser un esclavo de las sensaciones del mundo exterior, y conduce al examen del mundo interno esencial dentro de nosotros.

6 El darana es el desarrollo de una concentración elemental, el primer paso en la meditación.

7 El dyana es el proceso más profundo de contemplación y meditación: el corazón del yoga.

8 El samadi es el último estado de meditación profunda y corresponde a la felicidad, unidad y trascendencia. El ego se deja atrás y el alma se libera.

yoga y valores éticos

Los principios éticos del yoga se denominan yamas –el modo como interactuamos con los demás– y niyamas –la manera como regimos nuestras vidas–. Renunciamos a ser violentos de pensamiento, palabra o acción (*ahimsa* es el nombre de este principio de no violencia), a ser codiciosos, a robar, procuramos enfrentar la vida con ecuanimidad, ser limpios en todo sentido y vivir una vida de amor, sin lujuria.

Parecerían condiciones muy difíciles de lograr para poder practicar las posturas del yoga o realizar los ejercicios de respiración. La insistencia del yoga clásico en las consideraciones éticas no significa, sin embargo, que para practicar el yoga debamos ser santos o filósofos. Sin embargo, necesitamos darnos cuenta de que si nuestra propia apariencia no es pacífica ni creativa, entonces diversos aspectos de nuestra vida se enfrentarán entre sí y ningún ejercicio ni respiración controlada serán benéficos. Necesitamos entender las metas e incluir el progreso en estas áreas en el trabajo diario.

no violencia

Hoy la violencia y antagonismo en nuestra sociedad son enormes, pero ¿cómo vamos a enfrentarlos? La palabra rabia se encuentra en todas partes. La rabia genera rabia. Buda afirmó: "*El odio nunca conquistó al odio; sólo el amor conquista el odio*". Esto parecería inalcanzable, pero de hecho requiere coraje y fortaleza.

El enfoque clásico del yoga se basa en entender que la competencia desempeña un papel en la vida, pero lo importante es la cooperación. Si no buscamos reducir el espíritu de competencia, el antagonismo entre nuestra mente y nuestro cuerpo crecerá; el ejercicio no lo erradicará, por el contrario, lo fortalecerá.

manejo de la ira

En Estados Unidos existe una organización conocida como *SYDA Prison Project*, la cual ofrece un curso llamado "En busca del yo", sin costo alguno para cualquier prisionero que lo solicite. El curso explica la eterna sabiduría del yoga y la meditación. Actualmente, cerca de 4.000 internos lo toman. Swami Muktananda, quien fundó el proyecto en 1979, escribió a los prisioneros lo siguiente: "Si desea respetarse a sí mismo, si desea mejorar, y desea experimentar la alegría de su ser interno, puede realizar esto en cualquier lugar, incluso en prisión". Otras organizaciones basadas en la meditación son Prison Smart Los Angeles Youth Project y el Human Kindness Institute.

En Inglaterra, la Prison Phoenix Trust ofrece clases de yoga y meditación en las prisiones. Entre los prisioneros que participan se encuentran algunos que purgan largas condenas, por lo general por delitos violentos. Muchos responden de manera positiva a este enfoque que se basa en la reconciliación y no en la venganza.

control de nuestra respiración

Después de los principios éticos y los asanas (las posturas físicas), viene la cuarta parte del yoga clásico: pranayama, el control de nuestra respiración. Debemos recordar que el modo como asumimos la vida no sólo afecta nuestras emociones, también nos afecta físicamente en un grado que subestimamos profundamente. El control de la respiración se examinará con detalle más adelante pero debe anotarse que tal como nos sentimos, respiramos. Si estamos asustados nuestra respiración es ahogada. Si estamos molestos, el cuerpo se tensiona y la respiración es fuerte. Si pudiéramos observar un gráfico en el que se muestren las alteraciones de nuestra respiración cuando nuestras emociones cambian, nos sorprenderíamos.

Practicando el yoga se aprende que tal como respiremos, nos sentiremos; al controlar nuestra respiración, podemos empezar a controlar nuestras emociones. La respiración libre, regular y eficaz, es primordial para la paz física y mental; la cantidad de señales emocionales que producimos a diario se conectan íntimamente con todos los aspectos de nuestra salud.

TODOS LOS DÍAS

A primera hora en la mañana es bueno ejercitar nuestro cuerpo suavemente. El yoga no sólo nos relaja, también determina nuestra actitud durante el día. La manera como nos sintamos mentalmente dependerá de un gran número de factores: cuán bien dormimos, los sueños que tuvimos, aquellos problemas sin resolver que nos preocupan, y demás. Lo importante es recordar que el yoga puede ayudarnos a afrontar cualquier estado mental y emocional durante el día.

Sólo se requiere un poco de reflexión para empezar el día de manera correcta. Caminar, algunos estiramientos suaves realizados cuidadosamente, que deben acompañarse de respiración un poco más profunda, suave y rítmica. Luego podemos recordarnos a nosotros mismos que simplemente el momento que estamos viviendo es ilusión.

Lo que obtengamos del día, en cierto modo, dependerá de cómo asumamos y aceptemos las situaciones que se nos presentan. Efectivamente, el movimiento y la respiración son muy útiles, pero la clave está en el estado mental en el que se realicen. Tratemos de enfrentar la vida con ecuanimidad y objetividad, siendo lo más justos posible con nuestras impresiones positivas o negativas de la vida.

Además, es una buena idea, de vez en cuando dedicar algunos minutos durante el día para repetir esta práctica, independiente de cualquier sesión personal o en grupo de yoga en la cual estemos involucrados. El efecto de repetir esta simple práctica durante el día nos ayuda a valorar en su justo lugar nuestras *buenas* o *malas* experiencias.

control de los sentidos

La necesidad de dominar nuestros sentidos y emociones para no ser sus esclavos, pratyahara, es la quinta parte del yoga clásico. El control de los sentidos no implica suprimirlos sino sobreponerse a ellos. La mayoría de nuestras reacciones son hábitos desarrollados durante años y difíciles de romper. Si sentimos que no podemos dejarlos decimos que la vida nos controla, no que nosotros –sustancialmente– la controlamos. Esa perspectiva nos ocasiona a grandes dificultades.

culpa

Una reacción muy habitual en las circunstancias adversas consiste en buscar algo o alguien a quien culpar: el tráfico, el jefe o el clima. Una palabra agradable en sánscrito es *santosha*, que significa *ecuanimidad*: darnos cuenta de que desempeñamos un papel en las situaciones que vivimos y que tratar de buscar la culpa en otra parte, no sólo es infructuoso sino también perjudicial. Culpar a otras personas o factores nos lastima.

Es importante apreciar la relación entre nuestra respiración y nuestros pensamientos. La imparcialidad no significa carecer de opinión sino asegurarnos de que nuestras respuestas sean constructivas y no destructivas.

El control de los sentidos también se refiere a la atracción sexual. Las doctrinas más profundas del mundo tratan el problema causado por la atracción sexual, y muchos practicantes de diferentes religiones optan por la castidad. Aunque algunas enseñanzas del yoga se interpretan de este modo, la actividad sexual es un aspecto central

del sorprendente proceso que llamamos amor y no simplemente una expresión de lujuria. Claro está que nuestra situación particular también determina el comportamiento sexual. Lo que es cierto para la mayoría de nosotros puede no serlo para un monje.

control de la mente

Los últimos pasos del yoga –darana, dyana y samadi– son estados mentales, usualmente interpretados como concentración, contemplación y meditación profunda.

Un aspecto central en todos los pasos es la habilidad para concentrarnos. Los asanas, o ejercicios de respiración, sin concentración tienen poco valor y sólo se puede lograr control gradual de nuestras vidas y actividades siendo decididos en pensamiento y acción.

El afán por los resultados genera gran dificultad y no es efectivo. Por tanto, la habilidad de ser persistentes es invaluable. Sólo entonces obtendremos resultados. Intuimos de que algo muy valioso ocurre dentro de nosotros. Dyana, el estado de meditación, se logra cuando la mente se concentra y se abstrae en un objeto de atención. La meditación se encuentra en el corazón del yoga. El famoso escritor alemán Johann Wolfang von Goethe añadió esta idea: *"Estemos atentos del presente. Sólo en el tiempo presente podemos entender la eternidad".*

Finalmente, el yoga nos puede llevar a un estado de felicidad, unidad y trascendencia del tiempo y del espacio. Ésta es la meta última del yoga y la culminación de las siete ramas previas. El samadi se logra al dominar el ego y liberar el alma. Esto puede parecer descabellado, pero es nuestro objetivo.

CONTROLA TU MENTE

Al dominar la respiración se ejerce un control directo sobre la actividad mental. Sabemos que necesitamos abordar los problemas diarios con calma si queremos enfrentarlos de manera apropiada. Practique lo siguiente, dos o tres veces al día, sin importar si está estresado o no:

■ Siéntese erguido cómodamente.

■ Permanezca en calma, con los ojos cerrados, durante dos o tres minutos.

■ Escuche su respiración y disminúyala gradualmente.

■ Los temas estresantes pueden empezar a mirarse en su justa proporción.

■ Practique con la misma frecuencia diaria. La disciplina y la rutina son importantes.

■ En su debido momento, este ejercicio se transformará en un hábito y producirá una enorme sensación de control.

■ No se desanime si debe luchar al principio: su mente y su cuerpo necesitan ejercicio y entrenamiento.

■ El dolor y el malestar físico también pueden controlarse de este modo.

■ En su momento, desarrollará un gran control sobre los ejercicios de respiración; no se afane.

2

cuerpo y mente

En el yoga, el bienestar y la salud
mental y física se logran al entender
que el cuerpo y la mente no son
entidades separadas, sino componentes
estrechamente relacionados, que
pertenecen a un todo. En la práctica,
esto significa alcanzar el equilibrio y
relajar la mente a través del hatha yoga
o, como también puede llamársele *yoga
de cepillarse los dientes*.
Adicionalmente, significa ser
consciente de la respiración, tener el
control de cómo respiramos y encontrar
la postura correcta para practicar los
asanas a través de tres pasos simples.

conciencia y mente

Dos grandes dudas no resueltas en la vida son: ¿Qué es la conciencia?, y ¿qué es la mente? Hace más de mil años un sabio del yoga expresó: "¿Qué es la conciencia pura? Es la respiración de la vida. Y ¿qué es la respiración de la vida? Es conciencia pura".

Este concepto de respiración de vida o fuerza de vida, la cual dirige la realidad (una realidad que los yoguis creían ilusión y denominaron *maya*) se encuentra en casi todas las civilizaciones y en las grandes religiones del mundo. También es una creencia que encuentra creciente eco en muchas de las teorías contemporáneas de la física cuántica. En resumen, cuanto más profundo observemos la realidad, más claro tendremos que nada es definitivo, y que las diferencias o límites entre una cosa y la otra, incluyendo la mente y el cuerpo, son esencialmente falsas.

Al inicio todo esto puede parecernos ajeno –por no decir irrelevante– a nuestra vida diaria y a la práctica del yoga. Pero es importante aceptar que el aspecto físico y el mental están relacionados y no ocupan lados diferentes de una línea que no se puede cruzar. Esta figura es la clave para entender la interrelación constante entre mente y cuerpo, que podemos alentar a través del yoga, para lograr bienestar mental y físico.

MENTE CLARA

Uno de los practicantes del yoga más importantes del siglo XX, Swami Sivananda, le aconsejó a sus seguidores practicar lo que él denominó *yoga de cepillarse los dientes* y *yoga barriendo*. Lo que quiso decir fue que aunque el ejercicio que realicemos sea básico, éste debe efectuarse en total concentración. Cuando lavamos nuestros dientes, la mente divaga. Sin embargo, si nos concentramos en la tarea que estamos realizando, no sólo lo haremos mejor, sino que también adquiriremos el hábito de efectuar solo una tarea a la vez, y no mezclaremos nuestros pensamientos y acciones. De este modo, los efectos benéficos de estas actividades irán más allá de la actividad en si.

entrenamiento de la mente a través del yoga

Mientras el desarrollo del yoga en nuestra sociedad parece centrarse en la práctica individual y grupal de los asanas, éstos son sólo una pequeña parte de práctica diaria del yoga. Tal como se estableció en capítulos previos, los sabios y científicos están de acuerdo en que los pensamientos, reacciones y emociones se transmiten por el cuerpo, a escala celular, ya sea apoyando el sistema inmunológico o lesionándolo, conforme a los impulsos que se irradian.

Por tanto, es indudable que se requiere un enfoque 24 horas al día, si queremos que el yoga nos ayude a mejorar la relación mente-cuerpo, y a mantener buena salud y paz mental. Parece un prospecto desalentador al inicio, pero es recompensado con creces. Mediante este enfoque de la práctica del yoga, mucha gente ha empezado a disfrutar de una nueva vida.

concentración

El enfoque 24 horas al día nos ayuda a concentrarnos en las acciones mientras las realizamos. Esto significa aprender a poner nuestra atención en una sola cosa a la vez. Así podemos comenzar a desarrollar claridad mental, la cual a su vez conduce a un mejor entendimiento del cuerpo físico y su papel en la vida.

Aunque parece una idea simple, requiere de atención y concentración para realizarla de manera cotidiana, de modo que seamos conscientes, por ejemplo, de nuestra postura. Siendo constantes, mantendremos buena postura, sosteniendo nuestros hombros sin tensión, sentándonos y parándonos erguidamente sin pensar en hacerlo.

el yoga del equilibrio

El enfoque del yoga más practicado se denomina hatha yoga, el cual es un aspecto del yoga clásico. Algunas personas lo describen como yoga físico, lo cual no es correcto. Debemos observarlo como un yoga que involucra el cuerpo, pero también involucra el alma y el espíritu. *Ha* y *tha* son símbolos para el Sol y la Luna (las palabras en sánscrito eran *surya* y *chandra*). Éste es el yoga del equilibrio entre los diversos aspectos que conforman nuestra vida.

Por tanto, de cierto modo, *el yoga de cepillarse los dientes* es hatha yoga, donde la acción física está relacionada con la concentración mental y su propósito. La acción de cepillarnos los dientes tiene algún efecto sobre los músculos de nuestros brazos, pero éste es sólo uno de todos sus efectos generales. La misma idea aplica a los asanas; los movimientos físicos no tienen sentido si no están acompañados de concentración mental. De hecho, las actitudes revelan la forma como practicamos los asanas. Algunas personas practican una posición de yoga cuidadosamente hasta terminarla; otras la dejan inconclusa y su mente ya está en la siguiente. El primer ejemplo muestra determinación y conciencia; el segundo es señal de una vida confusa e incapacidad de enfrentar desafíos. La disciplina mental del yoga nos ayuda a aclarar esta confusión.

LA FUERZA DE VIDA EN NOSOTROS

De vez en cuando debemos recordar las antiguas sabidurías y decir: "No soy un cuerpo". Existimos en un cuerpo, pero éste es como la caravana móvil de nuestras vidas. Recordemos que, con excepción de los millones de células del cerebro, nuestro cuerpo cambia constantemente. A cada momento somos una persona nueva en el sentido físico. Sin embargo, el yo real, la conciencia y la mente, permanecen estables.

El modo como lo llamamos –alma, espíritu o de cualquier otra forma– no importa. El yo real en la existencia humana es personificado por la fuerza de vida que ha sido conocida por civilizaciones de todo el mundo y plasmada en el arte de diversas maneras, como en la iconografía cristiana que, por lo general, muestra figuras sagradas rodeadas de aura; o en las pinturas rupestres, donde se observan imágenes resplandecientes.

EL YOGA Y EL CEREBRO

Gracias a las pruebas científicas que registran los impulsos eléctricos del cerebro, ha sido posible examinar los efectos del yoga sobre la función cerebral, especialmente su papel para relajar la mente.

Éstas muestran que la combinación de concentración mental, respiración rítmica lenta y movimientos controlados está relacionada con las ondas cerebrales, que se mueven desde un estado de agitación hasta uno de equilibrio y calma.

respiración

El yoga clásico especifica que pranayama (respiración) viene después del asana (ver p.7), pero es importante recordar que este código de práctica se desarrolló en una civilización diferente a la nuestra. La mayoría de disciplinas antiguas se desarrollaron en regiones montañosas, donde el aire no estaba contaminado, la postura era mejor y la respiración era fácil de mantener. Hoy, aunque los niños pequeños caminan y respiran naturalmente, los aspectos de la vida moderna como la conciencia corporal pobre, los ambientes mal diseñados, la alta contaminación y el estrés creciente cobran su cuota. Es esencial controlar día a día la respiración.

respiración y postura

El pranayama se relaciona naturalmente con los asanas. Según hemos visto, el asana, tal como lo conocemos, se originó en la posición sentado para el control de la mente y para la meditación. Ésta requiere tener la columna vertebral erguida, no derecha. La columna tiene curvas naturales y la posición erguida las

NUESTRO MODO DE RESPIRAR

La mayoría de nosotros pone poca o ninguna atención en cómo respiramos. Lo hacemos de manera involuntaria; sabemos que es necesario para mantenernos vivos y no sabemos nada más. Sin embargo, nuestros cuerpos operan sobre dos sistemas: el voluntario y el autónomo. Por lo regular, éstos están separados, pero nuestra respiración es única en el sentido en que voluntariamente podemos modificarla, así como de manera involuntaria respiramos. La habilidad para modificar nuestra respiración es muy importante porque es la clave para calmar nuestra mente.

conserva. También permite que la caja torácica funcione naturalmente y el corazón y el diafragma se muevan eficazmente. Finalmente, asegura una interrelación correcta entre los músculos del tronco.

Utilizar la cabeza para cargar objetos aún es costumbre en algunas partes del mundo, especialmente en la India; en Occidente hemos perdido totalmente este arte. Nos parece gracioso cuando vemos fotos de modelos que caminan con libros sobre sus cabezas para mantener la postura correcta. Además, inclinar nuestra cabeza y hombros hacia adelante o hacia atrás altera la respiración natural.

Los movimientos del yoga promueven el retorno a la postura correcta, pero necesitamos darnos cuenta de que ésta siempre es importante, no sólo mientras practicamos los asanas.

La práctica regular de los asanas, junto con el control de la respiración, ayuda a centrar la mente para lograr una práctica de meditación constante.

la respiración y los asanas

Cualquier asana involucra la respiración. En general, cualquier movimiento realizado con esfuerzo, aun cuando sea controlado, se efectúa al inhalar; y cualquier movimiento de relajación, al exhalar. Al mantener la postura, la respiración continúa constante, según el esfuerzo requerido. Adoptar las posturas atendiendo la respiración, nos conduce a una respiración diaria natural. El yoga es en esencia una actividad cotidiana que desarrolla control sobre la vida.

conciencia de la respiración

Adopte una postura cómoda y correcta para realizar el primer paso en pranayama: aprender a escuchar su respiración. Siéntese sobre una silla cómoda–o en el piso– coloque las manos en su regazo, cierre sus ojos y escuche su respiración. No interfiera con ésta; simplemente escúchela. Debe ser lenta, regular y natural. Obviamente, cambiará según las circunstancias. Si efectúa una actividad exigente, la respiración se profundizará para mejorar la oxigenación y circulación. Si está en reposo, disminuirá y será menos profunda, aunque no superficial.

de práctica del yoga es mejor trabajar las técnicas básicas de respiración relajada y respiración profunda, explicadas adelante. Pueden practicarse en las sesiones de yoga, así como de vez en cuando, durante el día. Su importancia no debe subestimarse.

Cuando domine la respiración básica y sienta que puede avanzar al siguiente paso, introduzca técnicas específicas. Es importante, sin embargo, empezar despacio y ser constante; no hay afán. El cuerpo y la mente responden si hay constancia, pero reaccionan cuando se les obliga a hacer algo por fuera de su capacidad.

técnicas básicas de respiración
Los procesos de pranayama son diversos, desde el más sencillo hasta el más complejo. En el primer momento

respiración relajada
Empiece haciendo conciencia de la respiración. Si se encuentra en un estado de reposo, descubrirá que su respiración es lenta, rítmica y natural. La mente y el cuerpo trabajarán juntos para alcanzar tranquilidad.

Al principio podrá encontrar problemas; si su respiración no disminuye, no es constante o es forzada, tome el control con suavidad. Usualmente, realizamos entre catorce y dieciséis respiraciones por minuto. Al relajarnos, ésta disminuye hasta seis. Si tiene dificultad para disminuir el ritmo, cuente hasta cinco mientras inhala y hasta seis o diez mientras exhala o, utilice un reloj y mida diez segundos para cada inhalación y exhalación, hasta cuando la sienta natural.

BÚSQUEDA DE LA POSTURA CORRECTA

1 Un modo sencillo de evaluar cómo utiliza normalmente su cuerpo consiste en ponerse de pie con la espalda contra la pared, sus talones a 1 cm de ésta y sus glúteos y hombros tocándola.

2 Luego, usando sus dedos pulgar e índice como medidores, observe cuán lejos se encuentra la parte posterior de su cabeza de la pared. La distancia debe ser igual a la de los talones.

3 Ahora camine alrededor de la habitación e inténtelo de nuevo. Rápidamente establecerá si ha mantenido o no la postura natural.

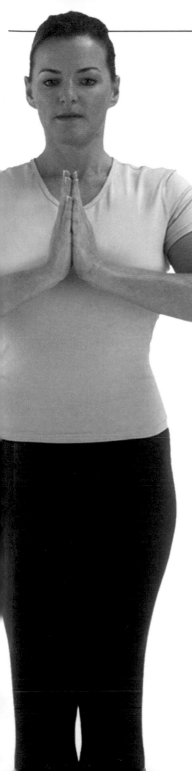

RESPIRE PROFUNDO

Es esencial recordar que nuestra respiración involuntaria responde y se apoya en nuestras emociones. En otras palabras, si estamos nerviosos, nuestro nerviosismo se reafirmará; si estamos bravos, nuestra rabia aumentará. Por esto, cuando la gente expresa emociones fuertes, se le aconseja que respire profundo para romper el ciclo. Así observamos cuán importante es influir nuestras vidas y reacciones, cambiando los patrones de respiración voluntariamente.

También se aconseja respirar durante algunos minutos profundamente, con toda la capacidad pulmonar: siéntese correctamente, exhale e inhale lenta y regularmente, sintiendo cómo el pecho se expande. No expanda el abdomen; al contrario, mantenga éstos músculos bajo control, mientras el diafragma se contrae; el aire llena los pulmones. Así asegura igual presión en el pecho y el abdomen, generando la fuerza de la que depende la energía corporal. Se requieren muchas sesiones para transformar patrones antiguos y deficientes de respiración. Unas pocas respiraciones realizadas de este modo revitalizarán el cuerpo y aclararán la mente.

3

antes de iniciar

Antes de iniciar su práctica de yoga, tenga
claro el enfoque fundamental que va a seguir y
tome en cuenta algunos aspectos prácticos: las
prendas de vestir y el equipo necesario, así
como elegir un instructor adecuado. El yoga
debe practicarse en un estado de relajación y
calma. Esto significa escoger un lugar y una
hora que le permitan la práctica diaria sin
dificultad y sin el afán por llegar tarde a clase
o no asistir. Esta sección también incluye
algunos consejos acerca del cuidado general y
las precauciones básicas, así como los seis
pasos necesarios que pueden aplicarse en cada
uno de los asanas.

¿cómo iniciar?

Ya hemos establecido que el yoga involucra la totalidad de la vida e incide en todas nuestras actividades. Toda nuestra vida es una preparación para el yoga, y el yoga, una preparación para la vida. Lo que comúnmente se denomina sesión de yoga, ya sea individual o en grupo, requiere cierto grado de preparación especial.

¿cuándo practicar el yoga?
La sesión de asanas debe realizarse 90 minutos después de un refrigerio, o dos horas después de una comida principal. Nunca debe llegar de afán a la sesión, y por tanto, aun cuando tenga una vida muy atareada, tómese el tiempo suficiente para llegar a clase, relajarse y descansar antes de iniciar la sesión.

ESCOGER UN INSTRUCTOR

Las sesiones pueden ser individuales o en grupo.
■ Para sesiones en grupo, es importante encontrar un profesor adecuado. Esto puede ser cuestión de ensayo y error. El instructor debe presentar un certificado como entrenador, pero lo más importante es la empatía. Por eso, trate de tener una o dos sesiones de entrenamiento antes de comprometerse. Como en la escogencia de un consejero personal o doctor, la relación es extremadamente importante.
■ Para sesiones individuales, su instructor deberá dedicarle más tiempo y explorar asuntos que no siempre son posibles en las sesiones de grupo. Es muy importante que tenga una buena relación con su instructor individual.

Su instructor le concederá el tiempo necesario para retornar a las actividades cotidianas. Las sesiones grupales e individuales deben mezclar la actividad física con las técnicas de relajación, al inicio, al final y durante la sesión en intervalos.

sesiones personales de yoga
Para muchas personas, el mejor momento para una sesión en casa es temprano en la mañana. También es importante tener una sesión breve antes de ir a la cama, con énfasis en relajar la mente, respirar lenta y rítmicamente, y estiramiento suave.

Si trabaja en casa, evite interrupciones, y en vez de seguir la costumbre de preparar y empezar todo con premura tal como hacemos normalmente, ingrese en su actividad a través de las técnicas de preparación y relajación.

Al trabajar en casa, la responsabilidad de un programa equilibrado está en sus manos. Los asanas involucran estiramiento suave, sin jalones fuertes de músculos o articulaciones poco preparadas. La espalda debe moverse en todas las direcciones: muchas lesiones de la espalda se evitan si la columna se mantiene flexible.

ATUENDO Y EQUIPO

El atuendo debe ser suelto como para no restringir el movimiento ni el flujo de la sangre, pero no tanto que le provoque una caída. Puede utilizar lo que quiera, una sudadera, ropa deportiva o pantalones sueltos con una camiseta cómoda.

Para la práctica del yoga debe estar descalzo; las medias deportivas o veladas se pueden resbalar en el piso o los tapetes.

No porte relojes ajustados y joyas.

No utilice cinturones que aprieten y sujétese el cabello largo.

Consiga una colchoneta de yoga suficientemente grande para que usted se estire completamente y tan gruesa como para proteger su columna. Además debe ser antideslizante.

Utilice una silla recta cómoda durante la práctica de la respiración y meditación.

Un atuendo adecuado y una colchoneta para yoga es todo lo que necesita para iniciar su práctica de asanas.

una actividad única

Cuando inicie la práctica del hatha yoga (el componente físico del yoga), se sorprenderá al descubrir que no se parece a otro deporte o ejercicio. Su singularidad lo hace especial.

Parece extraordinario que una práctica tan antigua tenga total vigencia en la vida moderna; el paso del tiempo no ha disminuido su valor.

Un punto importante para recordar es que no hay competencia con otros ni con uno mismo, sólo la propia evaluación de su habilidad en cada momento. La maravillosa y liberadora expresión "estar acá y ahora" será su frase favorita.

Por tanto, observaciones como "¿he podido estirarme más que la semana pasada?" o "mis compañeros lo hacen mejor que yo", no son importantes.

Desarrolle su rutina con la mente tranquila, liberándose de la autocrítica o la autoalabanza, en la interacción calmada pero poderosa entre mente, cuerpo y respiración.

Cuanto más se familiarice con los asanas que aprenderá, mayor será su habilidad para evitar el análisis y

concentrarse en lo que su cuerpo está haciendo, de modo que el movimiento físico sea una experiencia meditativa.

Los términos *intermedio, avanzado* y *experto* no aplican a la práctica del yoga. Tal como hemos visto, no existe competencia en el yoga, ni concepto de progreso planeado o logro de metas. Es sólo una idea simple, que ocasionalmente puede ser difícil de mantener en nuestra mente, puesto que es contraria a la naturaleza competitiva de la sociedad donde la gente piensa que "si no pone toda su

QUIETUD

1 Quien empieza con el yoga pueden practicar los mismos asanas y obtener el mismo beneficio que alguien que lleva años estudiándolo.

2 De hecho, quien se pueda sentar perfectamente quieto de manera contemplativa, puede practicar yoga a un nivel más profundo que quien sólo es capaz de realizar los movimientos físicos de los asanas.

3 No olvide que únicamente se utiliza la práctica física como un medio para permanecer quieto. La quietud es, paradójicamente, la esencia del hatha yoga.

energía para avanzar, entonces se quedará atrás". Esta energía por lo general se presenta como el miedo al fracaso, el cual es una poderosa herramienta motivadora, que además puede acarrear consecuencias desastrosas en nuestra salud cuando descubrimos que no podemos sobrellevar esta presión.

iniciar su sesión

Sería ideal practicar en una habitación tranquila, sin distractores, como los miembros de la familia o el teléfono. Sin embargo, si esto es difícil, haga lo posible por encontrar un espacio para usted mismo en un momento donde la probabilidad de interrupción sea mínima. Mantenga la habitación a una temperatura adecuada, ni muy fría ni muy caliente.

Es buena idea usar una colchoneta antideslizante, aun cuando su habitación sea entapetada; así puede definir mejor su espacio de trabajo y evitará un resbalón accidental.

Acuéstese en posición de savasana (ver p.79). La idea no es lograr un estado de relajación profunda en este paso, simplemente distensionar el cuerpo antes de empezar. Durante la

Los asanas se crearon para mantenerse en una posición extrema por algún tiempo mientras la mente se mantene quieta y meditativa. Al principio será un desafío, por esto no intente una posición que le cause malestar.

Al finalizar la rutina escogida, acuéstese de nuevo en savasana (p.79), colocando cómodamente su cuerpo sobre la colchoneta.

Esta vez su relajación debería ser mayor que al principio; alrededor de 15 minutos son ideales. Sin embargo, el tiempo no es importante; lo más importante es la profundidad y la calidad de la relajación.

Los siguientes pasos pueden aplicarse a todos los asanas:

1 relajación

Relájese y sea consciente gradualmente de su respiración.

2 visualización

Visualice la postura que va a realizar y concéntrese en aquellas partes del cuerpo que desea mover o estirar.

3 habilidad

Realice los asanas lo mejor que pueda; relacione los movimientos con su respiración y no permita que sus pensamientos divaguen.

4 control

Termine el asana de manera controlada, sin afanes y regrese a la posición inicial.

5 concentración

Relájese, concentrándose de nuevo en su respiración.

6 equilibrio

Si la postura requiere desarrollarse hacia la izquierda y hacia la derecha, inhale con suavidad, equilibrando, antes de repetir el movimiento hacia el otro lado.

CUIDADOS Y PRECAUCIONES GENERALES

PUNTOS PARA RECORDAR:

1 Consulte a su médico antes de iniciar un curso de yoga, particularmente si ha sufrido alguna enfermedad reciente, cirugía o lesión.

2 Trabaje según su capacidad y sea consciente de cualquier limitación o problema de salud que pueda tener. Una enfermedad menor, como una gripa, puede afectar durante un tiempo la habilidad de su cuerpo para trabajar.

3 No ignore las señales de malestar de su cuerpo. Por lo general, el dolor significa PARE. Al principio puede sentir los músculos apretados y la espalda rígida, pero la constancia le ayudará a ser más flexible y ágil.

4 Si está embarazada consulte con su médico antes de iniciar un curso de yoga. Aunque usualmente es seguro practicarlo durante un embarazo normal. Hacia el final del embarazo las posturas que oprimen o estiran completamente el abdomen no son posibles, pero un estiramiento suave para la espalda y ejercicios de flexibilidad para las piernas y la pelvis serán benéficos. Hay cursos especiales de yoga para mujeres embarazadas.

5 Las posturas invertidas deben evitarse si sufre de presión sanguínea alta. Si en algún momento se siente mareado, particularmente al inclinarse hacia adelante, regrese a la posición erguida.

6 No eleve o baje las piernas rectas si está acostado boca abajo en el piso. Siempre flexione primero las rodillas para prevenir presión sobre la espalda.

7 No se force o presione; recuerde relajarse en cada movimiento.

8 Si su espalda no está cómoda al acostarse en el piso con las piernas extendidas, la mayoría de las posturas, incluyendo el savasana, pueden adaptarse y realizarse con las rodillas flexionadas.

9 Practique regularmente: poco y con frecuencia es lo mejor. Tres sesiones de veinte minutos a la semana son buenas para empezar.

10 Evite esforzarse, el yoga no es competir contra alguien o algo, ni siquiera contra su propio esfuerzo.

11 Relájese al finalizar cada sesión. Tenga una cobija y medias a la mano para mantenerse cálido.

12 Siempre sea consciente de su respiración, sincronizando los movimientos físicos con la respiración y no al contrario.

sesión organice sus pensamientos, concéntrese y aleje cualquier problema. Un período de quince minutos es suficiente. Pero si está cansado o agitado, espere a sentirse en equilibrio antes de moverse y estirarse. Practique los asanas en un estado relajado de la mente, en calma, centrándose totalmente en usted mismo y su cuerpo.

4

los asanas

La siguiente sección comprende 33 asanas totalmente ilustrados, con fotografías paso a paso y una clara explicación de los beneficios de cada movimiento. El orden de los asanas ofrece una secuencia lógica para seguir, pero puede adaptarse ajustándolo a sus requerimientos. Estos asanas varían desde el estiramiento completo del cuerpo hasta el savasana, con posiciones clásicas como la *cabeza de vaca*, el *gato*, el *perro hacia abajo*, el *niño*, el *camello*, el *bote*, el *árbol*, el *guerrero* y otras.

Además, encontrará información adicional acerca de la clase de sensaciones y sentimientos que puede experimentar con cada movimiento y consejos acerca de cómo adaptar cada técnica si llega a experimentar cualquier dificultad inicial, malestar o rigidez.

los asanas

Los primeros dos asanas son la mejor forma de iniciar su sesión. Tonifican los músculos, sueltan las articulaciones y mejoran la respiración. El tercero mejora la flexibilidad en la cadera y la circulación en los órganos abdominales.

ESTIRAMIENTO TOTAL DEL CUERPO

1

Acuéstese boca arriba, con las piernas extendidas y los brazos a los lados. Elongue la parte posterior de su cuello manteniendo su quijada retraída; relaje su cuerpo.

Inhale, eleve ambos brazos y extiéndalos detrás de su cabeza hasta tocar el piso.

Si este ejercicio es muy difícil o sus hombros están rígidos, al principio coloque un cojín o una cobija doblada en el piso detrás de su cabeza para descansar los brazos.

ESTIRAMIENTO LATERAL

2

Acuéstese boca arriba, las piernas extendidas, los brazos a los lados y las manos tocando las piernas.

Manteniendo las nalgas y los pies quietos, empiece a desplazar la cabeza y los hombros hacia la derecha, mientras observa el techo. Deje que las manos se muevan con el cuerpo.

Relájese en la posición y sea consciente del estiramiento del lado izquierdo del cuerpo y la expansión del pulmón izquierdo. Manténgase al menos durante diez respiraciones.

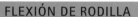

FLEXIÓN DE RODILLA

3

Acuéstese boca arriba con las piernas extendidas. Lleve la rodilla izquierda hacia el pecho y sujétela con ambas manos.

Si no se siente cómodo, coloque las manos detrás de los muslos, bajo la rodilla.

Asegúrese de que toda la pierna esté relajada, desde la cadera hasta el pie. Esto también aplica a la pierna derecha.

¿cómo vamos?

Todo el cuerpo hormigueará con un flujo renovado de energía en cuanto realiza los primeros dos asanas. Cuando empiece a estirarse, imagine que el cuerpo se abre y se extiende como una flor cuyos pétalos se abren al sol de la mañana. Si al principio sus músculos están rígidos, no se preocupe; haga lo mejor que pueda. La flexión de la rodilla también estimula el flujo de energía y la circulación, mientras aumenta la flexibilidad de la cadera y las piernas.

⬆ ¿cómo vamos?

Cuando inhale, estire su brazo derecho y su pierna derecha fuertemente, manteniendo su brazo izquierdo y pierna izquierda relajados. Sienta el estiramiento desde los dedos de su mano hasta su talón.

Disminuya el estiramiento mientras exhala, luego repita el estiramiento tres veces. Repita con el brazo izquierdo y la pierna izquierda y permita que el lado derecho se relaje.

Finalmente, estire ambos brazos y piernas al tiempo, tratando de no arquear la espalda demasiado. Repita tres veces. Cuando exhale, lleve ambos brazos de vuelta a los lados y relájese.

Si se siente cómodo, flexione el codo izquierdo y coloque la mano bajo la cabeza, relajando los músculos de los hombros. Sostenga durante cinco respiraciones.

Para incrementar el estiramiento cruce el pie izquierdo sobre el derecho, sostenga durante cinco respiraciones.

Regrese a la posición inicial y repita hacia la izquierda.

Cuando exhale, lleve suavemente la rodilla lo más cerca que pueda al pecho. Trate de mantener la parte posterior de la rodilla derecha tocando el piso.

Cuando inhale, libere la tensión pero aún sostenga la rodilla. Repita la flexión tres veces más.

Libere la rodilla izquierda y coloque la pierna de nuevo en el piso. Repita el ejercicio, sosteniendo la rodilla derecha.

▶▶

4-5

los asanas continuación

E n nuestra vida diaria, pocas veces ejercitamos los movimientos de las caderas. El primer asana relaja sus músculos y articulaciones, mientras que la elevación de la pelvis trabaja sobre la espalda para mejorar la flexibilidad.

RELAJACIÓN DE LA CADERA

4

Acuéstese boca arriba con las piernas extendidas y los brazos un poco alejados de los costados.

Doble las piernas elevando las rodillas, mantenga los pies juntos. Con la pierna izquierda quieta, permita que la rodilla derecha caiga hacia ese lado y hacia el piso. Sostenga durante cinco respiraciones y permita que la cadera se relaje más con cada exhalación.

Suba la rodilla de nuevo, y luego repita con la rodilla izquierda. Encontrará que una rodilla no baja tanto como la otra. Si esto ocurre, sostenga la posición por más tiempo en el lado menos flexible para promover mayor flexibilidad en la cadera más rígida.

ELEVACIÓN DE LA PELVIS

5

Acuéstese boca arriba con las rodillas flexionadas, los pies separados a la anchura de las caderas, y las manos a los lados con las palmas hacia abajo. Sienta completamente la columna vertebral en contacto con el piso y retraiga el mentón.

Cuando inhale, levante el estómago creando un arco pequeño en la espalda baja, pero manteniendo las nalgas en el piso. Puede revisar el arco deslizando una mano bajo la espalda al nivel de la cintura.

Al exhalar, invierta el movimiento de la columna. Tocando con la espalda baja el piso, tense los músculos abdominales y eleve los glúteos con fuerza.

¿cómo vamos?

Cuando envejecemos, el rango de movimiento y flexibilidad disminuye, nuestras articulaciones se tornan rígidas y el movimiento es más restringido. Los asanas como la relajación de la cadera trabajan sobre estos aspectos, recobrando la flexibilidad de la infancia. La elevación de la pelvis es un asana suave, porque la espalda está completamente apoyada. Esto significa que cualquiera puede practicarlo con seguridad; incluso aquellas personas que sufren problemas de espalda pueden utilizarlo para aliviar el dolor y el malestar.

⬆ ¿cómo vamos?

Exhale al tiempo que ambas rodillas caen. Esta vez no llegarán tan lejos, pero utilice la exhalación para ayudar a relajar los músculos internos de las piernas. Asegúrese de que la espalda no se arquee demasiado.

Inhale, eleve ambos brazos, llévelos hacia atrás de la cabeza y estire fuertemente. Exhale mientras relaja los codos, pero manteniendo los brazos detrás de la cabeza.

Repita el estiramiento de los brazos tres veces, manteniendo la posición de las piernas. Finalmente, regrese los brazos a los lados y eleve ambas rodillas de nuevo.

No realice movimientos bruscos mueva la espalda suave y lentamente de modo que el cambio de una posición a otra dure toda la respiración.

Repita este movimiento diez veces y permita que el movimiento de ondulación siga el flujo natural de la respiración.

Al principio puede sentir que nada ocurre, pero en cuanto progresa, se sorprenderá de cuán flexible se torna la columna.

▶▶

los asanas continuación

6-7

El puente estira los músculos de las piernas y caderas, y mejora la respiración, mientras que el giro de la columna aumenta la flexibilidad en la espalda e incrementa el flujo de energía hacia la columna y los órganos abdominales.

PUENTE

6

Acuéstese boca arriba con las rodillas flexionadas, los pies separados a la anchura de las caderas y las manos a los lados con las palmas hacia abajo. Suavemente, apriete los omoplatos, juntándolos para abrir el pecho. Asegúrese de retraer el mentón.

Es importante colocar los pies en la posición correcta: los talones deben estar en línea con las rodillas. Cuando exhale, acomode toda la espalda contra el piso.

Inhale, y desde el cuello empiece a levantar la espalda del piso lo más que pueda, sosteniendo su peso con hombros, brazos y pies.

GIRO DE LA COLUMNA, ACOSTADO

7

Acuéstese boca arriba con las rodillas flexionadas, los pies juntos, las plantas sobre el piso y los brazos a los costados.

Cuando inhale, mueva ambos brazos hacia los lados, poniéndolos rectos, en línea con los hombros, y con las palmas de las manos hacia abajo, en contacto con el piso.

Cuando exhale, permita que ambas rodillas caigan lentamente hacia la izquierda, manteniéndolas juntas. Observe cuán lejos pueden llegar.

¿cómo vamos?

El puente requiere mayor esfuerzo físico que la elevacion de la pelvis, pero aún así es una forma útil y segura de trabajar la columna. Si sufre de problemas serios de espalda, una inflamación crónica o un disco lesionado, no practique el giro de la columna acostado. Sin embargo, si su espalda es saludable, la columna se beneficiará con este asana. El tipo de movimiento involucrado se denomina movimiento tipo torsión, en el que un extremo de la columna se mantiene quieto mientras el otro se gira.

⬆ **¿cómo vamos?**

Imagine que está despegando la columna del piso, vértebra por vértebra, cuando se levanta. Sostenga esta posición durante tres respiraciones.

Exhale y ponga nuevamente la espalda en el piso, vértebra por vértebra.

Termine apretando los glúteos con fuerza, tal como empezó. Repita todo el movimiento tres veces.

Si no llegan al piso, ponga un cojín o almohada bajo las rodillas para apoyarse.

Gire la cabeza hacia la derecha, tanto como pueda. Sostenga la posición durante 10 respiraciones y sienta cómo la espalda se relaja cada vez que exhala; mantenga el hombro izquierdo en contacto con el piso.

Regrese a la posición inicial mientras inhala, y luego repita el estiramiento, esta vez llevando las rodillas hacia la derecha y girando la cabeza hacia la izquierda.

▶▶

8-9

los asanas continuación

El estiramiento del cuello y la cabeza de vaca relajarán el cuello y la parte superior de la espalda, y aliviarán la tensión en los hombros causada, en general, por el estrés.

ESTIRAMIENTO DEL CUELLO

8

Siéntese cómodamente con la espalda erguida.

Exhale mientras rota despacio la cabeza, de modo que pueda ver por sobre el hombro derecho.

Sostenga esta posición durante tres respiraciones, relajándose en ella. Mantenga los hombros relajados y la cabeza erguida.

CABEZA DE VACA

9

Siéntese erguido. Si puede, cruce la pierna derecha sobre la izquierda, de modo que los empeines toquen el piso.

Si no puede realizarlo, simplemente siéntese cómodamente en el piso o sobre una silla.

Levante el brazo der y estírelo; luego deje caer la mano derech hasta tocar la nuca.

¿cómo vamos?

Es muy importante que la espalda superior, los hombros y el cuello estén relajados en todas las situaciones de nuestra rutina diaria, incluso mientras se duerme. Si el cuerpo no está relajado y recostado cómodamente en la cama, el sueño será difícil e interrumpido. Si no puede juntar las dos manos en la cabeza de vaca sostenga una pañoleta o cinturón en la mano superior y sujétela con la mano inferior. Es mejor utilizar este método que esforzarse y tensionarse intentando algo que va más allá de nuestras capacidades.

☆ ¿cómo vamos?

Inhale en cuanto regresa lentamente a la posición inicial. Repita hacia el lado izquierdo.

Exhale cuando baje la quijada hacia el pecho, y sienta el estiramiento en el cuello y los músculos de la parte superior de la espalda. Sostenga durante tres respiraciones.

Inhale cuando levante la cabeza hacia la posición normal.

Lleve el brazo izquierdo detrás de la espalda, flexionando el codo intente juntar las dos manos.

Sostenga, respirando y relajando los hombros. Sienta el estiramiento en la parte posterior del brazo derecho.

Sostenga durante cinco respiraciones, manteniendo la espalda erguida y el pecho abierto. Luego repita invirtiendo los brazos.

▶▶

10-11

los asanas continuación

Además de trabajar en la columna vertebral, el gato ayuda a mejorar la respiración, mientras que el perro hacia abajo fortalece los brazos y hombros, y estira la espalda.

GATO

10

Empiece colocando sobre el piso las manos y rodillas, con los pies relajados. Asegúrese de que las manos estén en línea con los hombros y las rodillas en línea con las caderas.

Los dedos deben estar colocados hacia adelante, un poco abiertos. Empiece con la espalda derecha y el cuello en línea con la columna vertebral, de modo que mire hacía el piso.

Mientras inhala, arquee la espalda bajando el estómago y levantando la cabeza. Inicie el movimiento en los glúteos y déjelo fluir a través de la columna como una ola.

PERRO HACIA ABAJO

11

Empiece en la posición inicial del gato (arriba), separe los dedos de las manos un poco.

Cuando exhale, arquee la columna hacia arriba y coloque los dedos de los pies hacia adelante.

Inhale mientras levanta la cadera lo más alto que pueda, retirando las rodillas del piso. Empiece a enderezar las piernas con movimiento firme.

¿cómo vamos?

El gato, tal como la elevación de la pelvis, es un método seguro y sencillo de ejercitar la columna y mejorar la flexibilidad; observe un gato durante algunos minutos y se sorprenderá de cuán flexible es su cuerpo. Además, logran un ritmo natural de respiración. Sentirá que el perro hacia abajo es algo difícil para empezar, pero por estirar la parte superior del cuerpo es una preparación para la parada de cabeza, más adelante.

☎ ¿cómo vamos?

Mientras exhala, arquee la espalda hacia arriba y permita que la cabeza se descuelgue entre los brazos. Continúe este movimiento de la espalda, hacia abajo y hacia arriba sincronizándolo con la respiración.

No flexione los codos: manténgalos derechos, con los brazos rígidos . Además, trate de no balancearse hacia adelante y atrás ni mueva los brazos o piernas. Todo el movimiento debe realizarse en la columna, cabeza y cuello.

Respire y realice los movimientos lo más despacio que pueda. Con la práctica, será consciente de que puede tomar respiraciones más profundas y lograr mayor flexibilidad en la columna.

Exhale mientras lleva el peso del cuerpo hacia atrás, apoyándose en los dedos de los pies, y estirando los brazos.

Suavemente, baje los talones al piso, manteniendo la espalda lo más recta posible y colocando la cabeza entre los brazos para formar una V.

Flexione la rodilla derecha y sienta un estiramiento extra en la pierna izquierda. Sostenga por tres respiraciones y repita con la pierna izquierda. Luego estire ambas piernas, sostenga y baje.

▶▶

12-13

los asanas continuación

El perro hacia arriba, tal como el perro hacia abajo, es una pose poderosa y fortalece la parte superior del cuerpo. También aumenta la capacidad torácica. El niño, permite arquear la columna en sentido contrario al perro hacia arriba.

PERRO HACIA ARRIBA

12

Desde la posición de perro hacia abajo, inhale cuando levante la cabeza y lleve el peso del cuerpo hacia adelante, sobre los brazos.

Manteniendo los brazos firmes, empiece a bajar la pelvis hacia el piso. Notará que necesita deslizar los pies un poco hacia atrás.

Mientras exhala, mantenga conciencia de la espalda y baje levemente la pelvis lo más que pueda hasta la posición de "tabla".

NIÑO

13

Siéntese sobre los talones con las rodillas flexionadas, los brazos a los lados y la cabeza mirando al frente. Con los glúteos en contacto con los talones, inclínese lentamente hacia adelante, manteniendo la espalda erguida y la cabeza en línea con la columna.

¿cómo vamos?

El perro hacia arriba le sigue al perro hacia abajo, pero no es aconsejable para quienes sufren de problemas de espalda o brazos. Mientras se acostumbra a estos estiramientos, puede flexionar las rodillas un poco, alejando los talones del piso. Si tiene un espejo grande, practique el perro frente a éste y observe cómo lo realiza. El niño es una pose contraria al poderoso perro hacia arriba, muy buena aunque puede ser difícil para personas mayores. Si este paso no es cómodo, regrese a él más tarde cuando avance en la práctica .

♠ ¿cómo vamos?

Al bajar más, creará una línea curva con la columna. No toque el piso con el estómago o muslo.

Mantenga la cabeza levantada y el pecho hacia adelante, mientras se estira con energía, respirando despacio cinco veces.

Empuje hasta realizar el perro hacia abajo, antes de finalizar llevando las rodillas al piso.

Mientras dirige la frente hacia abajo, mueva las manos hacia atrás para descansarlas junto a los pies, con las palmas hacia arriba.

Si no puede tocar el piso con la frente ponga las manos bajo la frente, cierre los dos puños, ponga un puño encima del otro y descanse la frente sobre el puño superior.

Si se le dificulta sentarse sobre los talones, acuéstese sobre la espalda con las rodillas flexionadas para obtener los mismos beneficios de recuperación y relajación.

▶▶

14-15

los asanas continuación

La flexión hacia adelante sentado estira la espalda y la parte posterior de las piernas, mientras que el giro de la columna en posición sentado, como el giro de la columna acostado (ver pp. 50-51), mejora la flexibilidad de la espalda.

FLEXIÓN HACIA ADELANTE, SENTADO

14

Siéntese con las piernas extendidas y la espalda recta. Ponga las manos junto a los glúteos y suavemente levántese y mueva hacia atrás la pelvis para sentarse más erguido.

Inhale mientras eleva ambos brazos hacia los lados y luego sobre la cabeza, estírelos hacia arriba.

GIRO DE LA COLUMNA EN POSICIÓN SENTADO

15

Siéntese erguido, con la espalda recta y las piernas extendidas hacia el frente.

Ponga el pie derecho sobre el piso junto a la parte externa de la rodilla izquierda. Si se siente forzado, colóquelo en la parte interna de la rodilla.

Sostenga la rodilla derecha firmemente con la mano izquierda o rodéela con el antebrazo.

¿cómo vamos?

La necesidad de relajarse aplica particularmente a la flexión hacia adelante sentado. Cuando lleve el torso hacia adelante, relájese, exhalando. Si la espalda está rígida, siéntese sobre un cojín pequeño para ayudar en el movimiento la pelvis. También puede flexionar las rodillas. El giro de la columna sentado es más complejo que la versión acostado. Desarróllelo paso a paso, cuando se sienta cómodo en el primer paso, muévase al siguiente. En los giros sentado, la espalda debe estar erguida; no permita que se jorobe o arquee.

⬆ ¿cómo vamos?

Con la cabeza erguida, exhale mientras se inclina hacia adelante con la espalda recta, y lleve las manos lo más lejos que pueda, hacia los pies.

Ponga las manos suavemente sobre la parte más baja de las piernas que alcance sin lastimarse. Sostenga durante diez respiraciones, respirando suavemente, relajando la cabeza y el cuello, y revisando que los hombros y codos estén distensionados.

En cada inhalación trate de estirarse un poco más hacia adelante; en cada exhalación relájese más. Regrese a la posición erguida en una inhalación, levantando los brazos o deslizando las manos hacia arriba por las piernas.

Extienda el brazo derecho hacia adelante, al nivel del hombro, y desplácelo alrededor hacia la derecha lo más que pueda, girando la cabeza en la misma dirección.

Ponga la mano derecha en el piso, detrás suyo, alineada con el centro del cuerpo, y los dedos señalando hacia atrás. Inhale y mantenga la posición, estirando el cuello y enderezando la columna.

Mientras exhala, trate de girar un poco más, mirando sobre el hombro derecho. Sostenga durante cinco respiraciones. Luego regrese a la posición inicial y repita hacia el otro lado.

▶▶

16-17

los asanas continuación

La flexión hacia atrás arrodillado y el camello son flexiones hacia atrás que involucran estiramiento y apertura de la parte frontal del cuerpo, expandiendo el pecho.

FLEXIÓN HACIA ATRÁS ARRODILLADO

16

Siéntese sobre los talones. Apoye las manos en el piso atrás suyo, con los dedos hacia adelante. Flexionando la columna arquee el cuerpo e incline la cabeza hacia atrás. Asegúrese de que los brazos permanecen rectos, firmemente estirados, y empuje el esternón hacia adelante. Sostenga el asana durante tres respiraciones.

CAMELLO

17

Arrodíllese con las rodillas separadas a la anchura de las caderas y los pies relajados. Inhale Mientras pone las manos en la cadera. Exhale mientras se inclina hacia atrás, inclinando también la cabeza hacia atrás. Junte suavemente los omoplatos para que la columna se flexione y el pecho se abra, mantenga la cadera adelante.

Sostenga durante tres respiraciones. Levántese lentamente y con cuidado, levantando la cabeza primero.

¿cómo vamos?

La flexión hacia atrás arrodillado y el camello representan los dos modos de inclinar la columna hacia atrás, ya sea como asanas separados o como el complemento a una flexión hacia adelante, como la flexión hacia adelante sentado (pp. 58-59), las cuales comprimen el pecho. Por su naturaleza, éstas requieren un poco de compresión de la espalda. Si usted sufre de dolor de espalda o rigidez, realícelos suavemente y despacio. Deténgase inmediatamente si siente dolor.

⬆ ¿cómo vamos?

Esta postura también proporciona un buen estiramiento de las muñecas y los músculos del antebrazo y puede convertirse en una alternativa al pez, que le sigue a la parada de hombros.

Luego acomode los dedos de los pies hacia el frente, y ponga las manos sobre los talones, una a una.

Repita y sostenga durante tres respiraciones. Recuerde empujar la pelvis hacia adelante y mantener los muslos en posición vertical.

Ponga el empeine sobre el piso, coloque las manos sobre los talones y sostenga durante tres respiraciones. Ésta es una exigente flexión hacia atrás; deténgase si siente malestar.

▶▶

18-19

los asanas continuación

E l bote y la flexión de rodilla, de pie, son asanas de equilibrio. El bote fortalece los músculos de la espalda, abdomen y piernas, mientras que la flexión de rodilla fortalece las piernas y aumenta la flexibilidad en la cadera.

BOTE

18

Siéntese con las rodillas flexionadas y los pies en el piso. Asegúrese de que tenga espacio detrás suyo, en caso de que pierda el equilibrio. Agarre la parte posterior de los muslos con las manos.

Siéntese echando hacia delante la pelvis y elevando la espalda baja. Inclíne hacia atrás, apoyándose sobre los glúteos, tanto como para mantener una posición equilibrada y levante los pies del piso.

Con la espalda recta y el mentón hacia delante, estire lentamente las piernas y empiece a elevarlas.

Levante las piernas a 45 grados del piso y mantenga el equilibrio, respirando constantemente.

Gire las palmas hacia abajo y estire los brazos hacia adelante. Sostenga durante cinco respiraciones.

Si se siente estable, aleje las manos de las piernas y estire los brazos, paralelos al piso.

¿cómo vamos?

El bote, como todas las posiciones de equilibrio, requiere concentración y puede ser difícil al comienzo. Es mejor empezar practicando esta posición con la espalda encorvada hasta que se sienta seguro para ensayarla con la espalda recta. La flexión de rodilla de pie también es una postura de equilibrio y es la versión de pie de la flexión de rodilla (pp. 46-47). Si sufre de la rodilla, se sentirá más cómodo sosteniendo el muslo inferior, por debajo de la rodilla, en vez de la parte frontal de la canilla, como se muestra acá.

⬆ ¿cómo vamos?

FLEXIÓN DE RODILLA, DE PIE

19

Párese con los pies juntos y los brazos a los lados. Inhale mientras flexiona la rodilla derecha y la levante a la altura de la cintura. Sujétela firme con las dos manos.

Suba la rodilla lo más que pueda, relajando la cadera y sosteniendo el peso de la pierna con las manos. Mantenga la espalda erguida y asegúrese de llevar la rodilla al pecho y no el pecho a la rodilla.

Mantenga el equilibrio, respirando despacio y calmadamente. Sosténgase durante cinco respiraciones. Libere la pierna y regrese a la posición inicial; luego repita con la otra pierna.

▶▶

20 los asanas continuación

El equilibrio de pie estira la parte frontal del muslo, los brazos, los hombros y las partes laterales del cuerpo. También fortalece las piernas.

EQUILIBRIO DE PIE

20

Párese con los pies juntos y los brazos a los lados. Sienta que la pierna izquierda es muy fuerte y visualice la energía que fluye hacia abajo, de los pies al piso.

Inhale y flexione la rodilla derecha, moviendo el pie derecho hacia atrás, sosténgalo con la mano derecha.

Exhale mientras lleva el pie lo más cercano que pueda a los glúteos. Relaje la pierna,desde la cadera hasta los dedos, apuntando la rodilla hacia el piso.

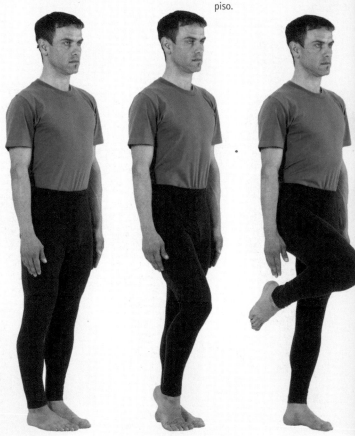

¿cómo vamos?

Encontrará que las posturas de equilibrio requieren más ejercicio mental que físico. Si intenta pararse sobre una pierna estando agitado o distraído, se resbalará o caerá. Por tanto, cuando se para en la posición inicial, primero ponga su mente en calma, controle la respiración, observando un punto en el piso justo en frente suyo y manteniendo conciencia del área de la garganta. Cuando se sienta relajado y bajo control, empiece el asana.

▲ ¿cómo vamos?

Inhale mientras levante el brazo izquierdo y lo estira hacia arriba. Lleve el brazo lo más cerca que pueda a la oreja. Extienda el estiramiento hasta las puntas de los dedos.

Sostenga la posición, respirando calmadamente durante cinco respiraciones. Baje el brazo, libere el pie y repita con la pierna izquierda.

21 los asanas continuación

E l triángulo se realiza de pie, incorporando una flexión lateral. Este asana estira y fortalece los costados del cuerpo, caderas, espalda, hombros y brazos.

TRIÁNGULO

21

Párese con las piernas abiertas, tanto como la longitud de una pierna, aproximadamente. Gire hacia afuera el pie izquierdo a noventa grados y gire el pie derecho, llevando los dedos hacia adentro. Asegúrese de que el talón izquierdo esté alineado con el arco del pie derecho.

Inhale mientras eleva ambos brazos al nivel de los hombros. Exhale mientras flexiona el cuerpo hacia la izquierda, llevando la mano izquierda hacia abajo para tocar la pierna izquierda y elevando la mano derecha hacia el techo.

Gire la mano derecha de modo que la palma quede hacia arriba; luego gire la cabeza para mirar la mano. Si sufre del cuello, no gire demasiado la cabeza. Mantenga la posición respirando constante y lentamente, durante cinco respiraciones.

¿cómo vamos?

En este asana respirará más por un pulmón que por el otro, ya que uno de ellos se comprimirá por la posición del cuerpo. Salga de la posición con cuidado cuando regrese a una posición erguida, inhalando profundamente. El triángulo es una flexión lateral; no debe mover la cadera, generando de este modo una flexión hacia adelante. Puede practicar apoyándose contra una pared y asegurándose de que ambos omoplatos la toquen.

▲ ¿cómo vamos?

Recuerde alzar la mano derecha hacia arriba con energía, estirando el lado derecho del cuerpo.

Regrese a una posición erguida mientras inhala y baja los brazos.

Repita el triángulo hacia el otro lado. No olvide girar el pie hacia la derecha al empezar.

▶▶

22-23

los asanas continuación

Como su nombre lo indica, el guerrero es un asana dinámico, que genera energía y confianza desde una posición que exige fuerza. El árbol tonifica las piernas y amplía las caderas.

GUERRERO

22

Párese con las piernas bien abiertas. Gire el pie derecho hacia afuera 90 grados y los dedos del pie izquierdo hacia adentro. Flexione la rodilla derecha noventa grados. Fortalezca las piernas apoyando su peso sobre la parte externa de los pies. Inhale mientras eleva los brazos a nivel de los hombros y los estira con fuerza. Gire la cabeza y mire hacia el brazo derecho. Sostenga la posición cinco respiraciones, con el torso recto. Salga de la postura girando la cabeza, enderezando las piernas y bajando los brazos. Repita al otro lado.

ÁRBOL

23

Párese con los pies juntos y las manos como si estuviese rezando. Apoyando el peso sobre la pierna derecha, coloque el pie izquierdo contra la parte interna del muslo derecho, tan alto como pueda. La rodilla izquierda debe apuntar hacia el lado. Respire calmadamente. Luego lleve las manos al nivel del pecho, con las palmas juntas. Sostenga durante tres respiraciones. Mientras inhala, estire los brazos arriba de la cabeza con las palmas juntas. Sostenga durante tres respiraciones más. Abra los brazos a la anchura de los hombros. Mantenga durante tres respiraciones más. Exhale mientras sale. Repita apoyándose sobre el pie izquierdo.

¿cómo vamos?

El guerrero puede ser difícil pero vale la pena intentarlo, la clave es colocar los pies suficientemente separados para alcanzar la posición correcta de las piernas. Recuerde que el talón de la pierna flexionada debe estar en línea con la rodilla. En la posición mantenga los brazos y piernas firmes y respire lenta y profundamente. Si el árbol es difícil al principio, coloque el pie contra el tobillo derecho con los dedos tocando el piso. Tenga cuidado al practicar este asana si presenta problemas en los tobillos o rodillas.

♠ ¿cómo vamos?

▶▶

24-25

los asanas continuación

L a flexión con giro hacia adelante estira piernas, brazos y espalda. La parada de hombros es una posición que fortalece el cuerpo entero y estimula los sistemas nervioso y circulatorio.

FLEXIÓN CON GIRO HACIA ADELANTE

24

Párese con las piernas bien abiertas y los pies hacia adelante. Levante los brazos al nivel de los hombros y rote el torso a la derecha lo más que pueda. Coloque la palma de la mano izquierda en el piso, en medio de los pies, inhalando mientras lleva el brazo derecho hacia afuera y hacia arriba, girando la cabeza y la parte superior del cuerpo a la derecha.

PARADA DE HOMBROS

25

Acuéstese boca arriba con las rodillas flexionadas, los brazos a los lados y las palmas hacia abajo. Estreche los hombros para asegurarse de que los codos estarán lo más cercanos entre sí cuando se levante. Mantenga la el cuello estirado, retrayendo el mentón.

Flexione las rodillas y llévelas hacia el pecho. Empiece a extender las piernas y llévelas hacia la cara. Al mismo tiempo, levante los glúteos y la espalda baja y ponga las manos en la espalda baja. Apoye su peso sobre la parte superior de la espalda y los hombros.

Flexione las rodillas y estire la espalda lo más que pueda, controlando que los codos continúen cerca entre sí. Si se siente equilibrado y no experimenta malestar en el cuello, estire las piernas hacia arriba, manteniendo ambas manos sobre la espalda para apoyarse. Sosténgase mientras esté cómodo.

¿cómo vamos?

La flexión con giro hacia adelante es el tercero de nuestros giros y se realiza de pie. Si no puede tocar fácilmente el piso sin flexionar las piernas, coloque una silla en frente suyo y ponga las manos sobre la silla, en vez de en el piso. Es importante concentrarse mientras realiza la parada de hombros. No balancee las piernas arriba; controle con sus músculos los cambios de posición. Esta postura no es aconsejable para mujeres durante el período menstrual o para personas con problemas de cuello, cardíacos o alta presión sanguínea.

♠ ¿cómo vamos?

Sostenga durante tres respiraciones, estirando firmemente el brazo. Si tiene problemas en el cuello, no gire la cabeza demasiado. Mientras exhala, lleve el brazo derecho hacia abajo y coloque la mano sobre el piso, al lado de la izquierda. Luego repita la secuencia al lado contrario, elevando el brazo izquierdo. Para finalizar, coloque ambas manos en la parte baja de la espalda, levante la cabeza, y enderécese, manteniendo la espalda recta.

Para salir de la posición, flexione las rodillas hacia el rostro, recogiendo las piernas sobre la cabeza, coloque ambas manos en el piso y suavemente deslícese hacia abajo con las rodillas flexionadas hasta que una vez más quede acostado sobre la espalda, con la planta de los pies sobre el piso.

►►

26-27

los asanas continuación

El arado y el pez le siguen a la parada de hombros y complementan sus beneficios porque trabajan con movimientos opuestos. El arado promueve la flexibilidad en la columna y las caderas, mientras que el pez expande el pecho.

ARADO

26

El arado usualmente le sigue a la parada de hombros, pero también puede practicarse por separado.

Habiendo flexionado las rodillas hacia el rostro, tal como se desciende de la parada de hombros, extienda las piernas cuidadosamente sobre la cabeza hasta que los dedos de los pies toquen el piso.

Sostenga la espalda con las manos e intente enderezar la espalda y las piernas lo más que pueda para mejorar la posición.

PEZ

27

Acuéstese boca arriba con las piernas extendidas y tómese unos minutos para relajarse después de la parada de hombros.

Levante el torso de modo que pueda poner los brazos debajo, y coloque las manos con las palmas sobre la colchoneta, bajo los glúteos. Las manos no se deben tocar.

Recargando su peso sobre los hombros, levante del piso la parte superior de la espalda arqueándose hacia atrás.

¿cómo vamos?

El arado requiere flexibilidad, trabájelo en etapas. Por ejemplo, no necesita bajar los pies hasta el piso cuando empieza; en cambio, estire las piernas pero mantenga los pies alejados del piso mientras siente que pueda ir más lejos. Además, su respiración se limitará cuando el pecho se comprima mientras mantiene esta posición. Si el pez se practica correctamente, habrá presión sobre el cuello; por esto no es aconsejable para quien tenga el cuello débil.

⬆ **¿cómo vamos?**

Para completar la postura, estire los brazos sobre el piso y con las palmas juntas entrecruce los dedos.

Sostenga la posición durante diez respiraciones pero cómodamente.

Para salir de la posición, coloque de nuevo las manos sobre la espalda y regrese a la posición inicial del mismo modo que en la parada de hombros (ver pp. 70-71).

Incline la cabeza hacia atrás hasta que la parte superior de la cabeza descanse sobre el piso, deténgase si siente malestar en el cuello.

Finalmente, lleve las manos al pecho, junte las palmas y coloque los dedos hacia arriba. Respire lenta y profundamente y sostengase durante varias respiraciones.

Para salir de la posición, coloque los codos de nuevo sobre el piso para sostener la parte superior del cuerpo, levante la cabeza y baje suavemente. Relájese por unos momentos con las manos a los lados.

▶▶

28-29

los asanas continuación

La canoa estira y fortalece los brazos, hombros, espalda y la parte posterior de las piernas. La cobra mejora la flexibilidad de la columna y abre el pecho.

CANOA

28

Acuéstese boca abajo con los brazos extendidos en frente suyo, las manos deben estar en línea con los hombros y la frente tocando el piso.

Cuando inhale, levante el brazo derecho y la pierna izquierda, estirando la mano hacia adelante y el pie hacia atrás.

Asegúrese de que los codos, muñecas y rodillas permanezcan derechos y que el brazo no se desplace hacia el lado. Además, mantenga los dedos apuntando directamente hacia el frente.

COBRA

29

Recuéstese boca abajo con los brazos a los lados, los pies levemente separados y la frente tocando la colchoneta.

Flexione los codos y coloque las manos bajo los hombros, los dedos hacia adelante y los codos justo a los costados. Es importante que los codos no se aparten del cuerpo.

Inhale cuando levante la cabeza y la parte superior del cuerpo, soportando su peso en las manos. Asegúrese de que el abdomen permanezca en contacto con la colchoneta.

¿cómo vamos?

Flexionar la espalda significa también estirar y abrir la parte frontal del cuerpo, evidente en la cobra. Asegúrese de que el abdomen permanezca en contacto con el piso, de modo que para flexionar la espalda no se fuerce haciendo presión con las manos; en cambio, aprenda a relajar la espalda de modo que se flexione cómodamente para imitar a una cobra que ataca.

▲ ¿cómo vamos?

Exhale mientras baja el brazo y la pierna, repita con el brazo izquierdo y la pierna derecha.

Luego levante el brazo derecho y la pierna derecha, seguido por el brazo izquierdo y la pierna izquierda.

Finalmente, levante ambos brazos, ambas piernas y la cabeza, descansando sobre el estómago. Vuelva a la posición inicial suavemente.

Permita que la espalda se relaje y se flexione mientras sube. Visualice, extendiendo su esternón hacia adelante. Puede estirar los brazos o mantener los codos flexionados.

Mantenga la posición respirando lentamente y permita que la espalda se flexione más si está cómodo. No suba los hombros; manténgalos hacia abajo.

Salga de la postura lentamente mientras exhala.

▶▶

30-31

los asanas continuación

La langosta fortalece la espalda y las piernas. El arco, además de aumentar la flexibilidad en la columna, trabaja los brazos y hombros.

LANGOSTA

30

Acuéstese boca abajo con el mentón sobre el piso y los brazos a los lados.

Cierre los puños y colóquelos bajo las caderas con los pulgares hacia adentro.

En esta posición, el movimiento activo se realiza en la exhalación y no en la inhalación.

ARCO

31

Acuéstese boca abajo con el mentón sobre el piso y los brazos a los lados.

En esta posición, así como en la langosta el movimiento se realiza mientras exhala.

Inhale mientras flexiona las rodillas y sostenga los pies con las manos.

¿cómo vamos?

Mientras practica la langosta, evite que la pelvis gire manteniendo el contacto entre la pelvis, las manos y el piso. Esto es importante mientras levanta la pierna. Si sufre de la rodilla, practique el arco con cuidado; en esta flexión las rodillas son más vulnerables, pues los músculos de las piernas se esfuerzan para levantar el cuerpo y lograr la flexión de la espalda.

★ ¿cómo vamos?

Exhale cuando levante y estire la pierna izquierda, levantándola desde la cadera y manteniendo la rodilla recta.

Baje la pierna cuando inhale, y repita el movimiento tres veces antes de hacer lo mismo con la pierna derecha. Luego doble los dedos de los pies hacia el frente y empuje un poco el cuerpo hacia adelante suavemente.

Cuando exhale, suba ambas piernas con energía, asegurándose de que las rodillas permanezcan rectas. Sostenga las piernas brevemente y bájelas cuando inhale. Libere las manos y finalice descansando durante algunos minutos con la frente en el piso.

Exhale mientras presiona los pies hacia atrás como si estuviese tratando de estirar las piernas. Este movimiento elevará del piso la parte superior del cuerpo y los muslos, de modo que usted descanse sobre el estómago.

Mantenga la cabeza en alto y trate de elevar la parte superior del cuerpo y los muslos lo más que pueda. Relájese mientras inhala y repita dos veces más.

Cuando se familiarice con el arco, mejore la postura manteniendo las rodillas juntas y los tobillos tan cerca como pueda.

▶▶

32-33

los asanas continuación

La respiración alternando las fosas nasales no es estrictamente un asana pero sirve para equilibrar y relajar el cuerpo al final de la sesión, preparándolo para el savasana (posición del cadáver), al final de la práctica.

RESPIRACIÓN ALTERNANDO LAS FOSAS NASALES

32

Siéntese en una posición cómoda, ya sea en una silla o en el piso. Cierre los ojos y coloque la mano derecha frente al rostro. ponga los dedos índice y del corazón contra la frente, derechos o flexionados; la cabeza debe estar erguida: no la deje caer hacia adelante.

Presione suavemente la fosa nasal derecha con el pulgar para cerrarla e inhale suave y profundamente a través de la fosa izquierda. Presione con el anular la fosa izquierda, de modo que ambas fosas estén cerradas y contenga brevemente la respiración. Retire el pulgar y exhale solamente a través de la fosa derecha.

Sin mover los dedos, inhale por la fosa derecha, haga una pausa con ambas fosas cerradas, libere la fosa izquierda y exhale. Esto completa el ciclo. Continúe con este método de respiración durante varios ciclos. Finalice la práctica retirando la mano y respirando por ambas fosas a un ritmo normal durante diez respiraciones.

¿cómo vamos?

La respiración alternando las fosas nasales es una de las técnicas denominadas de pranayama, para controlar la energía del cuerpo por medio de la respiración. Si sufre de presión sanguínea alta no sostenga la respiración como se sugiere; exhale después de inhalar. En savasana, su cuerpo adopta una posición abierta y neutral, en la cual puede relajarse completamente. Como el peso del cuerpo recae en el piso, los músculos tensos y las articulaciones rígidas se relajan, la sangre circula libremente y el sistema nervioso funciona al ciento por ciento.

≜ ¿cómo vamos?

SAVASANA

33

Acuéstese boca arriba con el cuerpo recto, los brazos a los lados y las rodillas flexionadas. Estire las piernas, una a la vez. Los pies deben quedar separados a la anchura de la cadera. Si sufre de la espalda mantenga las rodillas flexionadas de modo que la parte baja de la espalda esté en contacto con el piso.

Estire la nuca de modo que el mentón quede retraído y no hacia arriba. Para algunas personas es más cómodo colocar la cabeza sobre un cojín pequeño. Aleje los brazos del cuerpo, con las palmas hacia arriba.

Detecte en su cuerpo áreas de estrés o tensión. Los brazos y piernas deben sentirse pesados, los hombros y la espalda relajados y el rostro libre de tensión. No olvide relajar también la quijada.

Cierre los ojos y concéntrese en el flujo rítmico y pacífico de la respiración. Sentirá que su estómago sube y baja suavemente mientras inhala y exhala.

Prolongue cada exhalación de modo que dure más que la inhalación, e imagine que la tensión del cuerpo se libera cuando exhala. Disfrute la pausa después de la exhalación mientras el cuerpo está en calma, antes de respirar de nuevo.

Al momento de finalizar su período de relajación, salga de él lentamente, "despertando" las diferentes partes del cuerpo una por una. Termine abriendo los ojos y girando hacia el lado derecho antes de sentarse.

5

meditación

La meditación es esencial para el yoga y debe ser parte integral de su práctica regular. Una meditación eficaz se alcanza lentamente, mediante técnicas simples, y tiene una meta clara: encontrar la calma en su naturaleza interna. Esto se logra con la combinación de postura correcta, respiración calmada, conciencia, relajación, visualización y concentración, y con el poder de la repetición o mantras. Lo más importante, la clave para la meditación está en comprender que no se trata de hacerlo bien o mal, sino de encontrar el modo de disfrutar el estado de felicidad que genera.

mente en calma

La esencia del yoga está en mantener la mente en calma. Todos los tipos de yoga conducen a esta meta. El yoga clásico (raja) establece los pasos específicos para alcanzar esta meta. Muchas personas desearían ignorar este aspecto del yoga, pensando que los asanas son suficientes para el bienestar y la salud. La verdad es que el bienestar y la salud dependen de una mente flexible, capaz de permanecer concentrada y con la habilidad para dejarse ir.

La mayoría de las dificultades de la vida son producto de la incapacidad para concentrarse. La técnica de meditación del yoga nos ayuda a mejorar la atención de la mente.

Para formar una mente disciplinada, todas nuestras actividades, desde la más simple hasta la más compleja necesitan coordinarse. Por ende, mientras la capacidad para meditar eficazmente se adquiere gradualmente, hay que aprender técnicas de meditación simples.

meditación y concentración

Todos necesitamos habilidad para concentrarnos. Desarrollamos ésta desde pequeños, aun cuando nadie nos explica cómo hacerlo. Nuestras mentes, activas, producen y procesan toda clase de información, pero encaminarla según la dirección que deseamos es difícil.

El asana es un medio fácil para concentrarse, porque los procesos mentales están dirigidos hacia el movimiento físico y relacionados con una imagen benéfica. Por ejemplo, un estiramiento hacia adelante sentado,

en el cual se busca coger sus pies, con las piernas extendidas, puede ser más fácil si visualiza en frente a quien se ama. Cada uno sostiene las manos del otro, pero en realidad no se tocan. Cuando exhala –aspecto relajante de la respiración– sienta que las manos se mueven hacia adelante para tocar las del ser amado. Esta visualización

simple establece una enorme diferencia en su la ejecución física.

meditación y relajación

La meditación sigue naturalmente a la relajación. El asana utilizado para la relajación es el savasana, o la posición del cadáver (ver p. 79). Esta posición boca arriba le permite dejarse llevar mentalmente mientras disfruta la máxima relajación física. ¿Por qué no utilizar esta posición para la meditación? Porque la relajación y la meditación están íntimamente relacionadas pero no son lo mismo.

La meditación requiere tensión física completamente equilibrada y esto se logra mejor con el tronco en posición erguida. La respiración también es diferente. En la relajación, los músculos abdominales permiten un movimiento suave del estómago; en la meditación, estos músculos se sostienen suave pero firmemente para respirar desde el diafragma (ver respiración consciente, p.84).

PRACTICA DE VISUALIZACIÓN Y CONCENTRACIÓN

1 Escoja con anticipación un tema para ser visualizado.

2 Siéntese erguido en el piso o en una silla, con los pies en el piso y la cabeza en equilibrio. Libere la tensión de los músculos y ponga las manos en su regazo.

3 Respire constantemente por la nariz, con la boca cerrada, durante algunos minutos concentrándose en la respiración.

4 Permita que el tema de la visualización, así como los sentimientos asociados a éste se formen en la mente. Sostenga la imagen durante algunos minutos mientras mantiene la respiración constante.

5 Abra los ojos y trate de retener los sentimientos que esa visualización le generó.

6 Practique varias veces a la semana; descubrirá que la cantidad de tiempo que se puede concentrar en la imagen incrementará rápidamente.

respiración consciente

Es importante tener conciencia de la respiración. Los budistas desarrollaron un arte que denominaban *respiración consciente*, el cual utiliza el diafragma mientras se medita. Esto implica controlar los músculos del tronco de modo que el pecho se infle y el abdomen no se mueva hacia arriba ni hacia abajo.

Su diafragma es el músculo estriado más fuerte en el cuerpo, unido a las costillas más bajas. Allí debe sentir el movimiento de la respiración: justo en la mitad del tronco. Cuando respira, el diafragma actúa como una máquina para circular la energía por el cuerpo y el cerebro.

técnicas de respiración

Siéntese correcta y cómodamente (ver abajo) con los ojos cerrados. Algunas personas intentan meditar con los ojos abiertos, pero es mejor cerrarlos. Concientícese de la respiración diciéndose a sí mismo "elevación" cuando inhale, y "descenso" cuando exhale, controlando movimiento, sonido y posición. Otro método es contar lentamente de uno hasta diez cuando inhale y en cuenta regresiva cuando exhale.

Respecto al tiempo, la meditación puede durar desde algunos minutos hasta –en casos extremos– horas. Cinco minutos es buen tiempo para un principiante, pero evite la tentación de mirar el reloj. No es de gran ayuda permitir que su mente divague acerca del tiempo que ha estado meditando.

Gradualmente puede incrementar el tiempo, pero no se afane. La mayoría de quienes meditan en la casa lo hacen entre quince y treinta minutos.

POSICIÓN Y RESPIRACIÓN

No importa si medita sentado en el piso o en una silla. Es muy cómodo sentarse en posición de piernas cruzadas o sobre sus talones con los dedos de los pies hacia atrás. Estas posiciones restringen el flujo sanguíneo en las piernas y los pies, estimulándolo en las partes superiores del cuerpo.

La posición de las manos desempeña un papel importante. Colóquelas sobre el regazo, con una palma sobre la otra, o sobre las rodillas, con la punta de cada pulgar contra la punta de cada índice.

dejarse llevar

Cuando trata de concentrase en ser consciente de la respiración, otros pensamientos vendrán a la mente; simplemente trate de dejarlos ir y venir sin prestarles atención, manteniendo el ejercicio de respiración "elevación y descenso". Por lo general, si los ignora, estos pensamientos no vendrán de nuevo. Si no, examínelos cuidadosamente y luego olvídelos. Gradualmente, los pensamientos superfluos disminuirán y la calma, la paz y el ritmo de la respiración, volverán.

La meta de la meditación es liberar la mente de los pensamientos cotidianos y encontrar la calma desde su naturaleza interna. Con paciencia y práctica continua, empezará a experimentar este maravilloso estado del ser.

técnicas de meditación

Hay innumerables técnicas de meditación, pero las clásicas empiezan por establecer la conciencia del ritmo y la paz de la respiración. Una de las técnicas más conocidas es mantra (ver "el poder de la repetición", p. 87) pero

hay otros modos de sosegar la mente. El último Swami Sivananda alentó a sus seguidores a utilizar el mismo proceso de visualización descrito antes, pero utilizando como tema su figura más venerada: Cristo, el Buda, Krishna, o una persona viva con quien se pueda

identificar. No debe practicarse como mirando a una estatua; debe haber sentimiento de empatía –un proceso de dos vías– entre quien medita y el tema.

No hay un modo correcto o erróneo de meditación. Todos formamos parte de un todo universal, pero también somos individuos con diferentes puntos de vista y gustos. Estudie con mente abierta y siga el procedimiento con el cual se sienta más cómodo, siempre y cuando reúna lo básico: tronco cómodo y erguido; manos unidas o en posición clásica del pulgar e índice juntos; conciencia de respiración rítmica, siempre calmada. Una vez haya cumplido estos requisitos básicos, déjese llevar.

Cada vez es más la gente con un estilo de vida estresante que utiliza las poderosas técnicas de visualización del yoga para obtener una perspectiva más equilibrada y alcanzar un sentido de paz en sus vidas.

EL PODER DE LA REPETICIÓN

1 Mantra: es la repetición de una palabra o frase durante la meditación, una técnica poderosa para calmar la mente. Se dice que algunas palabras, como "om", tienen un valor especial, pero no es tanto la palabra que se pronuncia, como el espíritu con el cual se dice.

2 Puede utilizar una palabra obvia y simple, como "paz". Sin embargo, ésta es una palabra tan común que puede distraerse. Si en cambio dice *ahimsa* (ausencia de violencia), la novedad del término le permitirá mantenerlo en la mente.

3 Cualquiera sea la frase que haya decidido repetir, debe hacerlo poniendo atención constante a la respiración, de modo que sea rítmica, al unísono con el proceso de elevación y descenso.

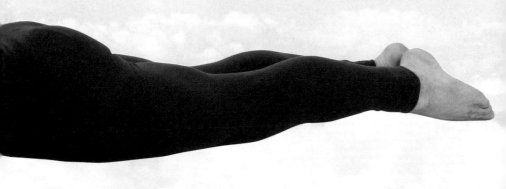

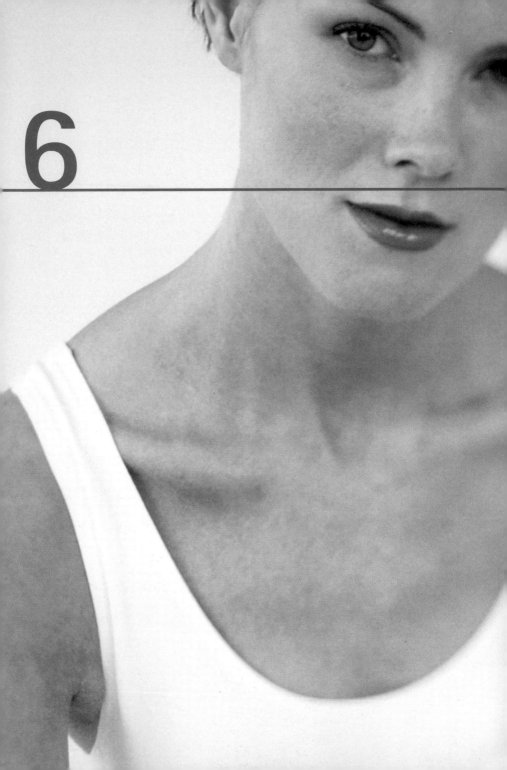

6

yoga en la vida diaria

Como hemos visto, los grandes beneficios del yoga se disfrutan adoptando una visión holística que incluya práctica física regular, concentración, contemplación, meditación y una vida ética. En esta sección final examinaremos cómo, con perseverancia y asumiendo la responsabilidad de nuestra vida, el yoga puede conducir a la meta suprema de lograr la iluminación a través de la calma. Tal como lo demostraron los practicantes del yoga en la historia, éste puede ser un trabajo que dure toda la vida. Pero el trabajo en este contexto, obviamente, significa la felicidad profunda y verdadera.

beneficios integrales

El yoga es fundamentalmente holístico y trabaja sobre la premisa de que la mente y el cuerpo son partes de un todo integrado. El yoga se aplica en todas las situaciones de nuestra vida, no sólo en las prácticas. Gracias a la unión mental y física que propone el yoga, desde el principio sentimos los beneficios de la disciplina –y es una disciplina– , siempre y cuando se asuma el enfoque holístico.

observar la enfermedad

En Occidente pretendemos soluciones inmediatas a nuestros problemas, pero ese no es el modo en que nuestros cuerpos, y nuestra vida en general, funcionan. Por ejemplo, aquellos que utilizan el yoga como solución a un problema de salud, descubren que progresan rápidamente en la solución, y luego se encuentran motivados para seguir. El enfoque de la sesión del hatha yoga ayuda a aquellas personas que inician este camino para sentirse mejor, mental y físicamente, pero es importante perseverar si queremos beneficiarnos del yoga y cultivar con éxito sus principios y práctica en nuestras vidas.

Los beneficios del yoga, por lo general, se sienten rápidamente y permanecen el resto de la vida. Sin embargo, es de sabios ser conscientes que el progreso puede ser lento. Si este es el caso, recuerde que cualquier problema que esté resolviendo

correctamente, por lo general, toma un largo período, mientras se modifica o desaparece. Desarrolle un trabajo metódico y suave.

Necesitamos tener en mente el motivo por el que practicamos yoga y recordar que es un enfoque integral. El porqué enfermamos es una cuestión altamente compleja y nadie tiene la respuesta. Los genes, la herencia y los factores ambientales cumplen un papel, pero mientras aclaramos qué está ocurriendo física y mentalmente, lo importante es examinar por qué y cómo lo vamos a enfrentar. Tenemos gran responsabilidad en la mayoría de los casos, de hecho, los yoguis creen que somos totalmente responsables de nuestra situación personal. La práctica del yoga nos permite aclarar la mente, identificar los objetivos y dirigir nuestra vida.

Es importante asumir la responsabilidad de sí mismo. Los libros y los profesores ofrecen programas detallados, pero el mejor modo de avanzar es estudiar los principios del yoga y relacionarlos con nuestras situaciones. El arte del yoga se fundamenta en encontrar el equilibrio entre la expresión de nuestra individualidad y el entendimiento de nuestro lugar en el universo.

El yoga debe ser un proceso paso a paso; aun los más grandes yoguis aplican esto en su vida y sus enseñanzas.

CONCIENCIA DE LA PERSONALIDAD

Los sabios creían que las tres ramas, o *gunas*, se interrelacionaban con lo físico y espiritual para producir vida. La primera rama conocida como *sattva* es lo puro, lo bueno, la fuerza de vida. La segunda rama es *rajas*, energía o movilidad. La tercera rama es la fuerza de la inercia u oscuridad llamada *tamas*. Las tres fuerzas existen en todos los aspectos de la vida. Los *gunas* pueden utilizarse como un modelo para explicar cómo reaccionamos a las situaciones y como son nuestras personalidades. Entendiendo esto, podemos reconocer y modificar el modo en que nos comportamos equilibrando los tres *gunas*.

Las personalidades con un exceso de fuerza *rajas* tienden a ser competitivas, estresadas, y probablemente reaccionan a problemas de modo irritable. Sufren de problemas de salud, relacionados con el estrés.

Las personalidades con demasiada fuerza *tamas* por lo general se sienten sin poder y no pueden remediar una situación cuando algo funciona mal. Sufren de depresión y falta de energía.

Las personalidades que presentan *sattva* son aquellas que generan un equilibrio entre las dos. La práctica del yoga incrementa nuestra tendencia a comportarnos de manera *sattvica* sin pasiones y con equilibrio. Esto puede ser trabajo para toda la vida.

Un yogui indio, quien siempre estaba enfermo, respondió al preguntársele cómo se sentía: "Estoy tan bien como me permito estar". Es importante comprender el papel que desempeñamos en nuestra propia vida.

ética

Los yamas y niyamas (ver pp. 20-21), la base ética del yoga, explican cómo adoptar el yoga en la vida diaria. Su mensaje —debemos tener una vida pacífica de respeto por nosotros y los otros— es parte de la unidad del yoga. Asumir el comportamiento que sugieren, beneficiará nuestra vida física y mentalmente, así como la vida de los demás. No es tan fácil como parece. El deseo de vengar el mal que

se nos ha hecho, el afán de tomar más de lo que nos corresponde, son tentadores. Esto se manifiesta en lo que el profesor Hans Selye describió como *angustia*, un estrés negativo, diferente de aquel que nos motiva. La práctica de los asanas, en el aprendizaje de la meditación, permite la armonía en la cual la cooperación y el compromiso consigo mismo toman el lugar de las actitudes nocivas para nosotros y los demás.

El yoga no es sólo una actividad de placer sino una disciplina para liberar tensión, sentirse relajado y estar en armonía con el mundo y en comunión con sus habitantes: una meta que no tiene precio.

la meta final

Durante todos los años en los que el yoga se desarrolló, los sabios concluyeron que aunque finalmente todo es uno, los individuos tienen diversas formas de alcanzar la meta común: una idea llamada *unidad en la diversidad*. Por eso se han desarrollado otros tipos de yoga junto al hatha yoga y raja yoga, estudiados en este libro.

otros enfoques

Ya analizamos el yoga de Patanjali (ver pp. 18-19). Éste enfoque que relaciona todos los aspectos del yoga lo hemos denominado yoga clásico. Sin embargo, no es el único enfoque. Algunas personas tienen una devoción por la naturaleza y se denominan *bhakti* yoguis (término en sánscrito que significa devoción). Un tercer enfoque es karma yoga. La palabra karma en sánscrito significa destino, y se utiliza aquí para describir los resultados de nuestras acciones. Por tanto, es similar a la ley de causa y efecto.

El karma yoga también nos habla de los yamas y niyamas. El karma yoga nos demuestra que el modo como vivamos (es decir, siguiendo los yamas y niyamas) determinará cómo nuestra vida se desarrolla. Este libro ofrece un punto de inicio al yoga utilizando el hatha yoga, pero no todos los estilos de yoga utilizan los asanas. Por ejemplo, Mahatma Gandhi fue un practicante de yoga pero nunca incluyó los asanas en su práctica; sin embargo, para la mayoría de nosotros el hatha yoga ofrece un enfoque práctico y gratificante.

Es importante recordar que el yoga no es una religión. Tiene relaciones y paralelos con todas las religiones del mundo, incluyendo el hinduismo, budismo, sikhismo, jainismo, judaísmo y cristianismo. El yoga concibe todas las convicciones religiosas como una, ubicada en el espíritu, y promueve el entendimiento en todas las prácticas. El yoga se originó cuando los sabios concluyeron que el mejor modo de obtener el conocimiento es estar inmóvil. El conocimiento que se genera en la quietud es la base del yoga.

el énfasis correcto

En, el yoga las palabras principiante, intermedio o avanzado tienen muy poco significado porque no existe una meta final real que deba alcanzarse.

PERMANECER QUIETO

La quietud es el centro del proceso yóguico. Toma tiempo desarrollar la quietud de la mente, las emociones y el cuerpo. Se cuenta la historia de un estudiante que se le acercó a un swami y le dijo: "Quisiera dedicarme sagradamente al yoga. ¿Cuánto tiempo me tomará alcanzar un estado realmente avanzado?". El swami le respondió: "Alrededor de cinco años". El estudiante exclamó: "Pero trabajaré muy fuertemente y todos los días. ¿Cuánto tiempo tardaré?". El swami contestó: "Alrededor de 10 años". El estudiante se alteró: "Usted no entiende –dijo– trabajaré muy fuertemente. ¿Cuánto tiempo tardaré?". Con una sonrisa el swami respondió: "Alrededor de 20 años".

DIFERENTES ESCUELAS DE YOGA

Hay cinco estilos principales de yoga que comparten la misma meta: la iluminación mediante la quietud de la mente.

Jnana yoga es el sendero de la sabiduría sagrada, y enfatiza en el autoconocimiento a través de la investigación religiosa y filosófica.

Hatha yoga es el yoga de la fuerza en equilibrio. Equilibra el Sol (*Ha*) y la Luna (*Tha*).

Bhakti yoga es el camino de la devoción espiritual y el culto. Este camino lo siguen santos y místicos de todas las religiones.

Karma yoga es el camino de la acción y enfatiza en el comportamiento y la acción desinteresados.

Raja yoga es el "rey de los yogas" (ver pp. 18-19) y desarrolla el control de la mente. Las ocho ramas del yoga muestran el modo de lograr este propósito.

Lo esencial es darse cuenta de lo que sucede en nuestra mente y en nuestra vida. Es difícil decir que no deberíamos sentir satisfacción cuando nuestra práctica de los asanas mejora; pero el verdadero progreso se encuentra en la totalidad de la ejecución. La calma mental es más importante que la destreza física, aunque las dos van de la mano. Aunque la agilidad física es de gran valor, la prueba real está cuando empezamos a observar cambios en cómo nos enfrentamos con los desafíos diarios de la vida.

progreso

Para la mayoría de nosotros, el progreso depende de encontrar un instructor con quien tengamos empatía. Un buen entrenamiento es importante, pero el profesor debe compartir y comunicar la unidad del yoga y, después, la excelente ejecución de los asanas.

En este libro hemos tratado diferentes aspectos del yoga. Debemos recordar que la unidad no significa que no existan diferencias individuales de enfoque. Por tanto, al desarrollar nuestro yoga debemos ser cuidadosos y tener claro los términos correctos en sánscrito y las teorías. Aun aquellos que estudian para ser profesores necesitan tener un buen período introductorio antes de empezar a aprender la materia en serio. Los responsables de cualquier programa de entrenamiento notarán la diferencia entre un estudiante que sigue un enfoque simple y aquel que está realizando su práctica con términos en sánscrito y conceptos complejos.

El yoga se basa en el sentido del asombro y la paz que se experimenta cuando el cuerpo, la mente y el espíritu se juntan, en los asanas (poses) en pranayama (respiración controlada) en darana (concentración) y en dyana (meditación).

Cuando esta unión se desarrolla, la práctica no se limita a períodos específicos sino se extiende al día entero. Esta relación con los diferentes aspectos de nuestra existencia es parte esencial de la práctica. La gente siente que su vida mejora cuando empiezan a practicar el yoga.

Necesitamos reconocer esta unidad esencial y guiar nuestra vida por este principio. Aquellos que dudan de este concepto, deben recordar que científicos y doctores como Albert Einstein y Bernie Siegel, mencionados al inicio del libro, han desarrollado estas ideas.

El yoga nos ofrece la oportunidad de experimentar la vida de un modo nuevo y saludable. En cuanto practicamos este estilo de vida, enfrentamos las situaciones en nuestra vida con mayor claridad. Al dominar una situación afrontamos la siguiente. La expresión "estar aquí ahora" nos recuerda que nuestros conceptos del pasado y futuro están relacionados con nuestras actitudes actuales. Si estamos concentrados en el presente, no tenemos necesidad de preocuparnos por el futuro. Seguimos nuestros impulsos internos hacia la iluminación.

La alegría del yoga se experimenta cuando deseamos aprender más y compartir los beneficios que hemos obtenido. Sólo en Occidente, el número de personas que practica el yoga asciende a millones, la mayoría dirigido por profesores que no son hidús, pero reconocen el valor de las prácticas yóguicas. Aun en la India, el hogar del yoga, ha revivido el interés en este tema.

glosario

Ahimsa
Ausencia de violencia en pensamiento, palabra o acción. Es también uno de los cinco yamas. Ver también *niyamas*.

Asanas
Son las posturas del yoga. En las ocho ramas del yoga los asanas son la tercera rama.

Ashtanga yoga
Las ocho ramas del yoga en el sistema del yoga clásico descrito por Patanjali.

Bhakti yoga
Escuela del yoga que desarrolla el camino del culto y la devoción espiritual. Es seguido por los santos.

Brahmán
Suprema fuerza universal o supremo espíritu del universo.

Darana
Desarrollo de concentración sencilla, primer paso en la meditación y sexta rama de las ocho ramas del yoga clásico.

Dyana
El proceso de contemplación y meditación que se encuentra en el corazón del yoga. Es la séptima rama de las ocho ramas del yoga clásico.

Gunas
Las tres ramas o cualidades que mezcladas con *prakriti* y *purusha* producen la vida.

Hatha yoga
El yoga del equilibrio de las fuerzas. Incluye los asanas y los aspectos mentales del yoga.

Jnana yoga
Escuela del yoga que desarrolla el camino de la sabiduría a través de la investigación intelectual.

Karma yoga
Escuela del yoga que desarrolla el camino de la acción. Esta acción debe reflejar un comportamiento desinteresado.

Mantra
Oración o pensamiento sagrado repetido durante la meditación y utilizado como técnica para calmar la mente.

Niyamas
Las reglas éticas o cinco acciones que guían nuestra conducta con los otros. Son la segunda de las ochos ramas del yoga clásico y complementan los yamas.

Prakriti
La suma total de sustancia material en el universo.

Prana
Fuerza de vida suprema, relacionada con respiración.

Pranayama
Control de la respiración para estimular la fuerza vital. Ver *prana*.

Pratyahara
La necesidad de no ser un esclavo de las sensaciones del mundo externo, y la necesidad de examinar el mundo interno dentro de nosotros; es la quinta de las ochos ramas del yoga clásico.

Purusha
La fuerza de la conciencia universal. Los sabios vieron que *purusha* se interrelacionaba con *prakriti*, sustancia material del universo.

Raja yoga
"El rey de los yogas", denominado de otro modo yoga clásico, hace énfasis en el control de la mente.

Rajas
Fuerza de energía o movilidad; también la segunda rama de los gunas.

Samadi
Estado supremo de meditación profunda; la última de las ramas del yoga clásico.

Santosha
El poder de la ecuanimidad y la objetividad.

Sattva
Fuerza de vida positiva, iluminadora y pura; primera rama de los gunas.

Tamas
Fuerza de inercia u oscuridad; tercera rama de la gunas.

Yamas
Cinco reglas éticas que gobiernan nuestras propias acciones y la primera de las ocho ramas del yoga clásico.

índice